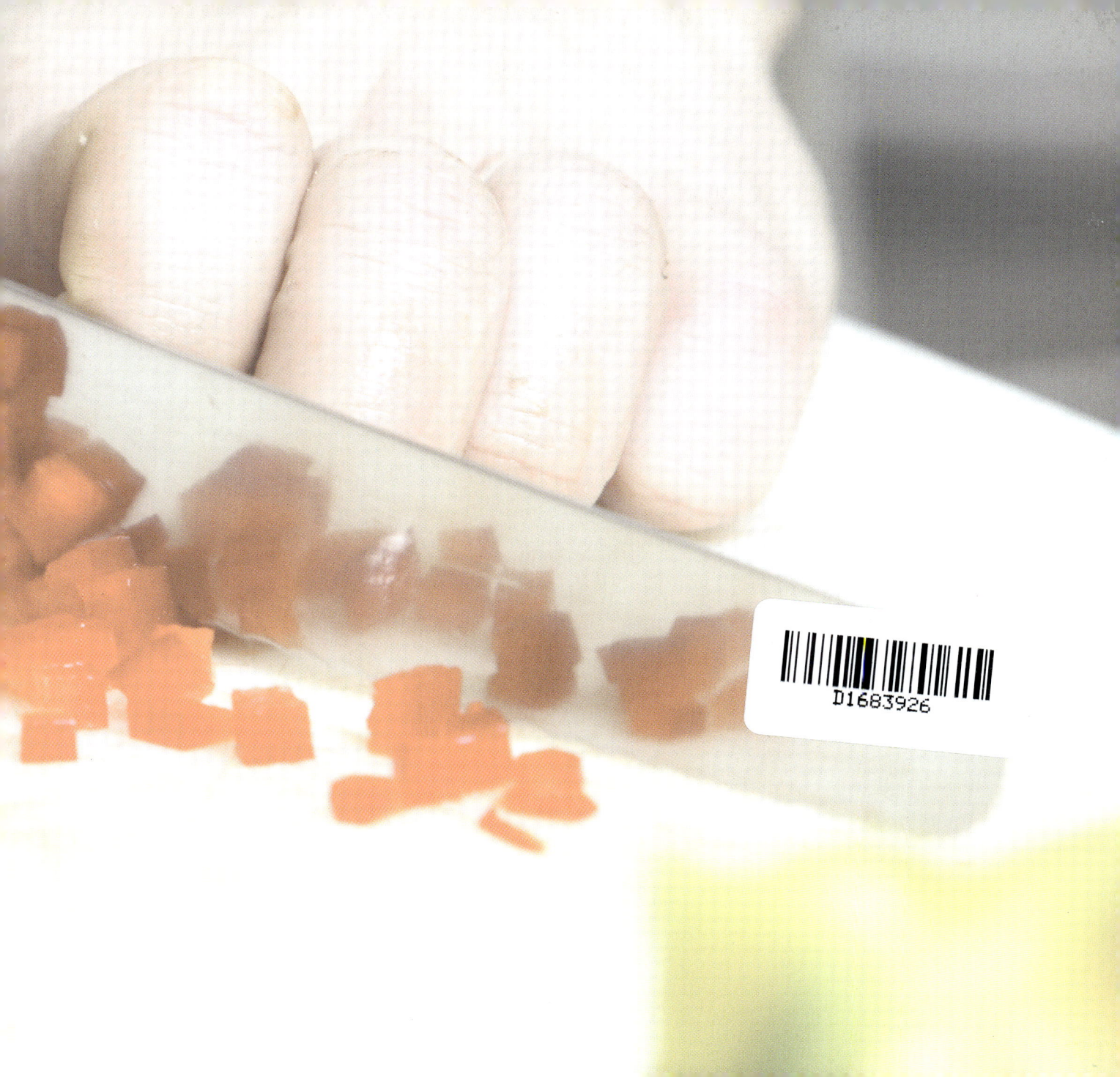

Ulrich Vomberg & Gerlind Vermeer

natürlich Wild

NEUMANN-NEUDAMM

Ein Wort zuvor...

Fleisch von Tieren, die in artgerechter Umgebung leben, schmeckt einfach besser. Denn diese Tiere ernähren sich von der Gräsern, Kräutern, Blättern, Beeren und Früchten, die ihnen die Natur bietet. Ihre Nahrung ist ohne chemische Zusätze ohne Medikamente und ohne Hormonbeigaben. Sie können ihren natürlichen Bewegungsdrang ausleben und „treiber Sport" auf ihre individuelle Art. Kurz: Sie pflegen eine gesunde Lebensweise. Somit ist ihr Fleisch wohlschmeckend und be kömmlich, hat wenig Fett und Cholesterin, aber einen hohen Nährwert. Wer darauf Wert legt, kommt an Wild nicht vorbei

Der traditionelle Braten mit Rotkohl und Klößen wird in diesem Buch nicht noch mal aufgewärmt. Dafür gibt's pfiffige Re zeptideen für alle Jahreszeiten.

Der Maibock kommt - der Jahreszeit entsprechend - mit grünem oder weißem Spargel, mit Erdbeeren, Mandarinen ode Kiwis auf den Tisch.

Genießen Sie die im Herbst und Winter erlegten Enten, Fasane und Hasen mal mit Paprika- oder Okraschoten, in Weinblät ter gewickelt oder in Kombination mit Lachs und anderem Meeresgetier.

Wildschwein und Hirsch sind mediterran zubereitet ein Leckerbissen.

Ohne Kräuter geht in der modernen Küche gar nichts. Sie unterstreichen den Eigengeschmack des Fleisches, verleiher aber auch den Beilagen stets eine frische geschmackliche und farbige Note. Oregano, Rosmarin, Salbei, Thymian, Estra gon, Zitronenmelisse, Basilikum, Petersilie, Schnittlauch geben jedem Gericht erst den richtigen Pfiff.

Wildküche macht Spaß. Probieren Sie es aus. Seien Sie aufgeschlossen für kulinarische Experimente. Der Beifall Ihre Gäste wird Ihnen gewiss sein.

Gutes Gelingen und guten Appetit
wünschen Ihnen

Gerlind Vermeer

Ulrich Vomberg

Inhalt

Fasan oder Huhn – das ist hier die Frage 7
Fasanenbrust in Weinblättern 8
Gewürzfasan mit Pak-Choi 9
Salmi vom Fasan mit Krebsschwänzen 10
Gut geräuchert sitzt es sich besser... 11
Auberginenknödel mit Wildschweinhack 12
Beschwipste Wildsau 13
Bruschetti mit feinem Aufstrich vom Schwarzwild 14
Involtini vom Schwarzwild mit Pesto 15
Mit Schwarzwild-Gulasch gefüllte Kohlrabi 16
Tournedos vom Schwarzwild auf Apfelscheiben 17
*Saltim Bocca vom Schwarzwild auf gebratenen Auberginen
  mit Risotto und weißer Tomatensauce* 18
Wildschwein-Medaillons mit Pilzsauce und Rotwein-Apfelkompott 20
Rotwein-Apfelkompott 21
Gefüllte Riesenroulade vom Schwarzwild 22
Hasenpfeffer im Schwobaländle 24
Hasenrücken in Paprikaschote 27
Hase mit Okraschoten 28
Breite Bandnudeln mit Hasensauce 29
Filet vom Kaninchen im Kartoffelmantel 30
Gegrilltes Kaninchen mit Tomatenvinaigrette 31
Geschmortes Kaninchen 32
Wildkaninchen in Buttermilch 33
Wildkaninchen – italienisch geschmort 34

Ungarn – mehr als Paprika und Puszta 36
Paprikas csirke (Paprikahuhn) 37
Lecker und äußerst bekömmlich: Wildente auf chinesische Art mariniert ... 39
Wildentenbrust in der Pfefferkruste 40
Wildentenbrust in der Honigkruste mit süß-scharfem Zwiebelkompott
    aus der Toskana 42
Süß-scharfer Zwiebelkompott aus der Toskana 43
Damwildragout in überbackenen Muschelnudeln 45
Filet vom Damwild an Pilzrisotto 46
Damwild – mal italienisch... 47
Hirschgulasch italienisch 48
Hirsch-Spieße auf roten Linsen 49
Hirschsteaks mit Gorgonzola 50
Mit Olivenpaste gefülltes Hirschfilet 51
Beruf: Aufschneider 52
Rehfilet in Blätterteig 53
Ossobuco – Beinscheiben vom Reh 54
Wald und Meer – Duett von Reh und Lachs im Wirsingmantel 55
Reh im Wirsingblatt mit Polenta und Cranberries 56
Rehfilet in der Nusskruste 57
Rehschnitzel in der Mandelkruste 58
Rehfilet mit Kiwi 59
Rehfilet mit Rosinensauce und Feldsalat 60
Gefüllte Rehtasche 61
Rouladen vom Reh 62
Wildklößchen vom Reh 63

Mit Kunst ein Bewusstsein für den Wald schaffen 64
Consommé von der Wildtaube 66
Gulaschsuppe vom Reh 67
Spargelcremesuppe mit Reh und Krabben 68
Wildtaubenbrust in Blätterteig mit Rotwein-Traubenjus 70
Bunte Variationen auf Eichblattsalat mit Entenbrust und Gambas 72
Frikadellen vom Reh 73
Pastetchen mit Rehragout 74
Reh mit Schokoladen-Erdbeeren 75
Mousse von geräucherter Forelle 76
Muschel-Salat 77
... und welche Jagdhunderasse ist das? 79
Feine Fischfreuden im Fondue 80
Gebratener Tintenfisch mit Kräuterbutter 81
Gefüllte Scholle mit Blattspinat 82
Hecht an Kapern-Senfsauce 83
Makrele auf Tomaten 84
Matjes auf Rösti 85
Sepia mit schwarzen Nudeln und Kirschtomaten 86
Gelee aus Holunderblüten 88
Quittengelee 89
Grießflammerie auf roter Grütze 90
Gratin von frischen Früchten 91
Pfannkuchen auf marinierten Orangen 92
Rahmäpfel 93
Wildern anno dunnemals 94

Fasan oder Huhn – das ist hier die Frage

Vor vielen Jahren war mein Schwiegervater in spe ein Mensch, der kein Wild aß.

Doch meine große Passion in den Herbst- und Wintermonaten waren die Gesellschaftsjagden in den umliegenden Revieren. Als geübter Flintenschütze brachte ich häufig freudestrahlend mal einen Hasen oder ein Kanin mit nach Hause. Die Beute sollte meinen Schwiegervater von meinen Qualitäten überzeugen. Denn neben dem Wild stellte ich auch seiner Tochter nach. Aber die Beute wurde zu meinem Bedauern stets an die Nachbarn verteilt. Denn – siehe oben – Schwiegervater aß kein Wild.

Mit einem von mir selbst erlegten Fasan sollte nun alles anders werden. Damit sollte Schwiegervater nicht nur von meinen Werten als Hobbykoch und Schwiegersohn sondern endlich auch von den kulinarischen Qualitäten des Wildbrets überzeugt werden.

Der Fasan wurde im Hühnerstall meiner Schwiegereltern gerupft, in der Küche gekonnt zubereitet und sollte anschließend von der Familie am Mittagstisch verzehrt werden. Im Stall erfolgte das Rupfen unbemerkt vom Schwiegervater. Erst der aus dem Bratofen durch die Wohnung ziehende Duft lockte Schwiegervater in die Küche.

„Wat jibt et denn heute Leckeres?" war seine Frage

Mit meiner Antwort „Nur ein einfaches Hühnchen" gab er sich zufrieden und verzog sich wieder ins Wohnzimmer hinter seine Sonntagszeitung.

Endlich wurde aufgetischt. Der Fasan war geschickt mit Sauerkraut und Weintrauben bedeckt und mit Kartoffeln umlegt. Natürlich bekam der Schwiegervater das größte Stück Fleisch vorgelegt. Kartoffeln dazu, mit Soße übergossen. Sauerkraut und Weintrauben deckten die Fasanenbrust ab. Nichts deutete auf ein Wildgericht hin. Schwiegervater aß genüsslich; quetschte die Kartoffeln in die Soße und strich mit dem Messer Sauerkraut auf die Gabel. Nun hielt er mit den Zinken der Gabel ein Stück der Fasanenbrust fest. Sein Messer teilte das Fleisch in mundgerechte Stücke. Mit der Gabel führte er ein Stück zum Mund, kaute langsam, langsamer – uns allen stockte der Atem – denn Schwiegervater legte ein Schrotkorn auf den Tellerrand.

„Verdammt noch mal" – war seine erste Reaktion – etwas verblüfft aber weiter kauend fuhr er zu mir gewandt fort: „Dat Huhn is ja erschossen worden!"

Fasanenbrust in Weinblättern

Die getrockneten Pilze mit Sherry übergießen und 30 Minuten einweichen. Von den Fasanen die Brustfilets auslösen, häuten und beiseite legen.

Die Zwiebel und die Innereien würfeln. Die Pilze abtropfen lassen, fein hacken.

Alles zusammen mit dem Thymian, der Sahne und den abgetropften Pilzen zu einer Farce pürieren. 30 Minuten im Kühlschrank kalt stellen.

Die Weinblätter abspülen, trocken tupfen. Jeweils drei Blätter ausbreiten und dabei etwas überlappen lassen. Die Brustfilets zwischen Klarsichtfolie so flach wie möglich klopfen. Je ein Filet zur Hälfte mit der Farce bestreichen, zusammen klappen und in die Weinblätter einwickeln. Die Päckchen in entsprechend zugeschnittenes Pergamentpapier wickeln und fest zufalzen.

In einem Bräter das Öl und die Gemüsebrühe erhitzen. Päckchen hinein legen und etwa 20 Minuten in der Backofenmitte bei ca. 180 Grad garen.

Päckchen aus dem Bräter nehmen, Pergamentpapier öffnen und den Sud in den Bräter gießen. Geflügelfond und den restlichen Sherry zugeben und um ein Drittel einkochen lassen. Mit Salz, Pfeffer und Worcestersauce abschmecken. Die Sauce mit den Butterflöckchen montieren.

Die Päckchen anrichten und mit der Sauce überziehen. Dazu gibt´s Baguette.

Zutaten für 4 Personen

- 2 Fasane
- 15 g getrocknete Pilze
- 1/8 Ltr. trockener Sherry
- 1 kleine Zwiebel
- 75 g Geflügelinnereien (Leber, Her
- 1/2 TL Thymian
- Salz, weißer Pfeffer
- 1/8 Ltr. Sahne
- 12 Weinblätter
- 1 Tasse Geflügelbrühe
- 2 EL Erdnussöl
- 1/4 Ltr. Geflügelfond
- Worcerstersauce
- 20 g eiskalte Butterflöckchen

Gewürzfasan mit Pak-Choi

Das Pfiffige an diesem Hauptgericht ist das Pak-Choi. Dieses Gemüse ist im Aussehen mit Mangold zu vergleichen, aber im Geschmack nicht durch Mangold zu ersetzen. Mit den Zutaten und den Gewürzen erhält dieses Gericht einen pikanten Geschmack und – passend zu dem aus Asien zu uns gekommenen Wild – einen fernöstlichen Charakter.

Zutaten für 4 Personen

- 1 küchenfertiger Fasan
- 3 Schalotten
- 2 Knoblauchzehen
- 800 g Pak-Choi
- Pflanzenöl
- dunkle Sojasauce
- Salz, Pfeffer
- frischer Koriander

für die Gewürzmischung

- 2 Pepperoni
- 1 EL Pflanzenöl (ideal ist Erdnussöl)
- 1 Zimtstange
- 1 TL Koriandersamen
- 1/2 TL Kreuzkümmel
- Pfefferkörner

Den Fasan abwaschen, abtrocknen. Das Fleisch von der Karkasse lösen und in zwei Zentimeter breite Stücke schneiden. Die Pepperoni putzen, sodass keine Samen oder Scheidewände mehr vorhanden sind, fein hacken.
Schalotten und Knoblauch schälen und fein hacken. Vom Pak-Choi die Wurzelenden entfernen, anschließend waschen, abtropfen lassen und quer in etwa zwei Zentimeter breite Streifen schneiden.

Öl im Wok oder einer Pfanne erhitzen, Gewürze einstreuen, kurz durchrühren und wieder herausnehmen. Knoblauch und Schalotten darin unter Rühren anbraten, das Fasanenfleisch zugeben und einige Minuten mitbraten. Die gerösteten Gewürze wieder untermischen.
Den Pak-Choi und unter ständigem Rühren 2 bis 3 Minuten mitbraten. Mit Sojasauce, Salz und Pfeffer abschmecken. Vor dem Servieren mit dem frischem Koriander bestreuen.

Bei der Beilage sind Sie mit gutem Duftreis oder einer gebackenen Süßkartoffel gut beraten.

Salmi vom Fasan mit Krebsschwänzen

Das im allgemeinen „trockene" Wildbret des Fasans kommt bei diesem Rezept klassisch-französisch und saftig auf den Tisch (Salmi = Ragout). Die Elemente Luft (Fasan) und Wasser (Krebse) erzeugen optisch und geschmacklich Spannung.

Die Fasane waschen und gründlich trocken tupfen. Das Fleisch auslösen, von Haut und Sehnen befreien und in etwa drei Zentimeter breite Stücke schneiden. In heißem Pflanzenöl von allen Seiten kräftig anbraten und dann bei geringer Hitze warm halten. Champignons waschen und in Zitronenwasser legen. Am Stiel festhalten und mit einem Messer von der Mitte des Kopfes aus kleine Kerben ziehen. In zerlassener Butter anschwitzen, salzen, pfeffern. 100 ml Weißwein zugießen und in geschlossenem Topf bei mittlerer Hitze 10 Minuten dünsten.

Die Fasanenknochen zerkleinern. Schalotten in feine Ringe schneiden. In zerlassener Butter anschwitzen. Knochen hinzugeben, kurz mitbraten und mit Cognac ablöschen. Weißwein und Trüffelfond hinzu gießen und etwas reduzieren. Geflügelfond hinzu gießen und alles etwa 10 Minuten köcheln lassen. Anschließend durch ein feines Sieb passieren. Erneut erhitzen und auf die Hälfte reduzieren; restliche Butter einrühren und abschmecken. Trüffel in hauchdünne Scheiben hobeln, zur Sauce geben und nochmal kurz aufkochen lassen. Krebsschwänze pfeffern, salzen und in wenig heißem Pflanzenöl braten. Fleisch, Krebsschwänze und Champignons anrichten, Sauce darüber geben. Salzkartoffeln sind die optimale Beigabe.

Zutaten für 4 Personen

- 2 küchenfertige Fasane
- Salz
- frisch gemahlener, weißer Pfeffer
- 4 EL Pflanzenöl
- 60 g Schalotten
- 40 g Butter
- 1 cl Cognac
- 20 ml Trüffelfond
- 1/8 Ltr. Weißwein
- 1/4 Ltr. Geflügelfond
- 20 g schwarze Trüffel
- 12 dekorativ eingeritzte Champignonköpfe
- Zitronenwasser zum Einlegen
- 150 g Krebsschwänze

Gut geräuchert sitzt es sich besser …

Es ist eines jener Wochenenden, an denen die Natur die besten Voraussetzungen für eine lange Ansitznacht auf Wildschwein und Fuchs geschaffen hat: das Licht des Vollmondes scheint durch die kahlen Wipfel der Buchen, Sterne blinken hell am Himmel, leichter Raureif lässt das Laub gefrieren. Sich näherndes Wild knirscht durch das gefrorene Laub und wird für den Ansitzjäger bereits hörbar, bevor er es sieht.

Ich sitze oben am Waldrand in einem geräumigen Hochsitz. Vor mir ein abgeerntetes Maisfeld und dahinter die Kulisse des tief liegenden 220-Seelen-Eifeldorfes. Plötzlich erscheinen bunte Laternen im Dunkel des Abends hinter der kleinen Dorfkirche. Der Lindwurm eines Sankt-Martins-Zuges setzt sich in Bewegung. Auf seinem Schimmel erkenne ich durch das Fernglas den Sankt Martin mit rotem Mantel. Das wuchtige Bum-Bum der Pauken, der helle Gesang aus Kinderkehlen schallen zu mir herüber.

Im Schritttempo schlängelt sich der Zug durch das Dorf und nähert sich dem Sankt- Martins-Feuer, welches die Freiwillige Feuerwehr am Rand des Dorfes entfacht. Das Feuer prasselt, Funken fliegen hoch und Rauch steigt gen Himmel. Ich liege im geöffneten Fenster meiner Kanzel und beobachte durch´s Fernglas interessiert das Brauchtum. Dabei bemerke ich nicht, wie der aufsteigende Qualm des Martinsfeuers vom leichten Wind in meine Richtung getragen wird. Anfangs schätze ich den würzigen Geruch der Buchenscheite. Doch mit der Zeit wird der Rauch immer dichter und füllt bald den Innenraum der Kanzel. Ich beginne zu husten. Meine Augen tränen und bei jedem Atemzug kratzt es in der Kehle. Flink schließe ich das Vorderfenster der Kanzel und reiße die Luke an der Rückseite auf. Hechelnd stecke ich dort den Kopf hinaus und atme tief frische Luft ein. – Allmählich verstummen die Martinslieder. Der die Kanzel umwehende Rauch wird weniger. Sankt Martin hat seinen Mantel mit dem Bettler geteilt.

Ich atme tief durch, hüstele, reibe meine tränenden Augen und schnäuze die triefende Nase. Ein Lutschbonbon ölt die kratzende Kehle. An allen Seiten öffne ich weit die Luken meiner Kanzel, lasse den restlichen Rauch hinaus und die kalte, klare Nachtluft herein. Tief in den Ansitzsack gerutscht und mit Decken warm umwickelt richte ich mich auf eine lange sternenklare Ansitznacht auf Eifel-Sauen und den Fuchs ein.

Auberginenknödel mit Wildschweinhack

Zwiebeln und Auberginen schälen und in kleine Würfel schneiden. Mit dem Hackfleisch, Pecorino, Ei, Salz, Muskat und zwei EL gehackten Thymian gut vermischen und mit Pfeffer abschmecken. Aus diesem Fleischteig vier große Klöße formen und in köchelndem Salzwasser etwa 20 bis 25 Minuten ziehen lassen.

Inzwischen aus zwei EL Butter und zwei EL Mehl eine Mehlschwitze herstellen. 250 ml Kloßbrühe hinzufügen und etwas einreduzieren lassen. Restlichen Thymian hinzufügen. Nach Geschmack Crème fraiche unterrühren.

Klöße auf Bandnudeln anrichten, mit der Sauce übergießen.

Zutaten für 4 Personen

> 2 Zwiebeln
> 150 g Auberginen
> 350 g Hackfleisch vom Schwarzwild
> 50 g grob geriebener Pecorino (oder anderer Hartkäse)
> 1 Ei
> Salz
> Pfeffer
> Muskat
> 3 bis 4 EL gehackter Thymian

für die Sauce

> 2 EL Butter
> 2 EL Mehl
> 250 ml Kloßbrühe
> Crème fraiche

Beschwipste Wildsau

Ein Gericht aus der Toskana. Dort „schluckt" die Wildsau den Chianti.

Koteletts klopfen, salzen, pfeffern und leicht in Mehl wenden. In einer Pfanne Öl erhitzen, die Koteletts bei starker Hitze darin anbraten. Anschließend die Hitze drosseln und die Koteletts langsam gar braten. Dabei immer wieder mit Rotwein übergießen, bis dieser vom Fleisch vollständig aufgesogen ist. Die Koteletts herausnehmen und warm stellen.

Die klein gehackte Petersilie und die Knoblauchzehen kurz im Bratfond ziehen lassen, zum Anrichten über die Koteletts geben.

Dazu schmecken kräftiger grüner Salat und Stampfkartoffeln.

Zutaten für 4 Personen

- 4 Koteletts von der Wildsau
- 2 Knoblauchzehen
- 1 Bund Petersilie
- etwas Mehl
- 200 ml Rotwein
- Öl
- Salz, Pfeffer

Bruschetti mit feinem Aufstrich vom Schwarzwil...

Diese italienischen Toasts sind eine Vorspeise oder ein „Magenwärmer", schmecken aber auch gut in geselliger Runde zu kühlen Getränken.

Die Zwiebel sehr fein hacken. Butter erhitzen und die Zwiebelwürfel darin goldgelb anschwitzen. Das grob zerkleinerte Fleisch hinzufügen und von allen Seiten anbraten, herausnehmen und sehr fein hacken. Den Bratensatz mit kräftigem Rotwein ablöschen, einreduzieren lassen und zum Fleisch geben. Die fein gehackten Kapern untermischen, die Masse mit Salz, Pfeffer und gehackter Petersilie abschmecken.

Die Brotscheiben in einer Pfanne von beiden Seiten knusprig braun rösten, einseitig mit einer Knoblauchzehe abreiben, mit Olivenöl beträufeln und mit der Fleischmasse bestreichen. Noch warm servieren.

Sie können sicher sein: Ihre Gäste werden nach „Mehr" verlangen!

Zutaten für 16 Stück

- 1 dunkles Stangenbrot (Vollkorn, Ciabatta oder ähnliches)
- 150 g Fleisch
- 1 rote Zwiebel
- 2 EL Butter
- 2 EL kräftiger Rotwein
- 1 EL Kapern
- Salz, schwarzer Pfeffer
- Petersilie

Involtini vom Schwarzwild mit Pesto

Sommerlich und leicht: die würzigen Fleischröllchen aus Italien. Sie sind schnell fertig und schmecken zu Nudeln, Rösti oder Baguette.

Basilikum, Rukola und die getrockneten Tomaten grob zerkleinern. Mit dem geschälten und zerdrückten Knoblauch, den gemahlenen Nusskernen, etwas Salz und Pfeffer pürieren. Den Parmesan untermischen. Nach und nach das Olivenöl beiträufeln und alles zu einer cremigen Masse vermengen.
Die Fleischscheiben auf der Außenseite salzen und pfeffern. Die Innenseite dünn mit Pesto bestreichen, aufrollen und mit einem Spießchen zusammenstecken. In einer Pfanne das Olivenöl erhitzen und die Röllchen darin 10 Minuten rundum bei geringer Hitze braten. Röllchen herausnehmen und warm stellen.
Zwiebeln schälen und fein hacken. In den Bratfond geben, mit dem Rotwein ablöschen und einreduzieren lassen. Die Röllchen anrichten und mit dem Sud beträufeln. Mit Zitronen- oder Limetten-Achteln servieren.

Zutaten

> hauchdünne Scheiben aus der Keule (Menge je nach Bedarf)
> 2 rote Zwiebeln
> 4 EL Olivenöl
> 125 ml kräftiger Rotwein
> 1 Limette oder Zitrone
> Salz, Pfeffer

für das Pesto

> 1 Bund Basilikum
> 1 Bund Rukola
> 3 Knoblauchzehen
> je 2 EL gemahlene Pinien- und Walnusskerne
> 125 bis 150 ml Olivenöl
> 2 bis 3 gehäufte EL frisch geriebener Parmesan
> 50 g getrocknete Tomaten
> Salz, schwarzer Pfeffer

Mit Schwarzwild-Gulasch gefüllte Kohlrabi

Der körnige Senf und die Kapern geben diesem Gericht eine überraschende Würze.

Kohlrabi schälen und etwa 4 Minuten in kochendem Salzwasser blanchieren. Einen „Deckel" abschneiden und die Kohlrabi aushöhlen. Ein Rand von etwa einem Zentimeter sollte wegen der Festigkeit der Kohlrabi stehen bleiben.

Die Zwiebel in feine Würfel schneiden und in Butter anschwitzen. Das klein gewürfelte Fleisch zugeben und bei geringer Hitze etwa 10 Minuten schmoren lassen. Den körnigen Senf, die Kapern und Crème fraiche unterrühren. Mit Salz und Pfeffer abschmecken.

Die Kohlrabi mit dem Gulasch füllen und in eine mit Butter ausgestrichene ofenfeste Form setzen. Die Gemüsebrühe angießen und das Ganze auf der mittleren Einschubleiste bei ca. 200 Grad 20 Minuten garen.

Die Kohlrabi herausnehmen und warm halten. Den Kerbel abzupfen, verbliebene Gemüsebrühe mit Maisstärke binden. Mit Wermut und Kerbel abschmecken. Kohlrabi anrichten, mit Parmesan bestreuen und mit der Sauce umgießen.

Zutaten für 4 Personen

- 4 ganze Kohlrabi
- 1 Zwiebel
- 200 g Schwarzwild-Gulasch
- 4 EL körniger Senf (nicht zu scharf)
- 4 EL Kapern
- 3 Eigelb
- 1 Bund Kerbel
- 0,1 cl Wermut
- 2 TL Maisstärke
- 150 ml Gemüsebrühe
- geriebener Parmesan
- Salz, Pfeffer, Butter
- Crème fraiche

Tournedos vom Schwarzwild auf Apfelscheiben

Herbst – buntes Laub, reife Äpfel und eine Rotte Schwarzwild. Dieser Anblick lässt das Herz des Jägers höher schlagen.
Auf der Tafel ist diese Kombination ein Gaumenschmaus für Genießer.

Tournedos mit je einer Scheibe Schinken umwickeln. In eine runde Form bringen und mit Küchengarn binden, pfeffern und salzen. In einer Pfanne die Butter erhitzen. Die geriebenen Haselnüsse einstreuen und die Tournedos auf jeder Seite etwa 3 Minuten braten. Tournedos herausnehmen und warm stellen. Aus den Äpfeln sechs dicke Scheiben schneiden. Diese in das verbliebene Bratfett geben und den Weißwein angießen. Nelken und Koriander hinzufügen. Die Apfelscheiben in dem Sud etwa 3 Minuten schmoren lassen. Herausnehmen und auf vorgewärmten Tellern anrichten. Auf jede Apfelscheibe einen Tournedo setzen und mit dem restlichen Sud beträufeln.

Zutaten für 6 Personen

- 6 Scheiben Wildschweinfilets (Tournedos)
- 6 Scheiben roher Schinken
- 2 Äpfel
- Butter
- trockener Weißwein
- Salz, Pfeffer
- Koriander
- geriebene Haselnüsse
- Nelken

Saltim Bocca vom Schwarzwild auf gebratenen Auberginen - mit Risotto und weißer Tomatensauce

Wenn das Wildschwein in den Mund springt . . .
Saltim Bocca - zu deutsch „Spring in den Mund". Der Pfiff ist die weiße Tomatensauce zum Schwarzwild. Zutaten und Beilagen wecken Erinnerungen an einen Aufenthalt in Italien. Dort gibt´s reichlich Schwarzwild.

Tomatensauce
Tomaten bestehen zu 80% aus Wasser, Crème double macht die Sauce weiß.

Die Tomaten häuten, aufschneiden und in ein Passiertuch legen. Ein Gefäß unter das Tuch stellen. Die Tomatenflüssigkeit 24 Stunden durch das Tuch sickern lassen. Die aufgefangene Flüssigkeit erhitzen, Crème double einrühren, nach Geschmack mit Mehl andicken und mit Salz und Pfeffer abschmecken.

Saltim Bocca
Die Wildschweinschnitzel flach klopfen. Auf vier Schnitzel je eine Scheibe Parmaschinken legen, darauf zwei Salbeiblätter und mit je einem weiteren Schnitzel abdecken. Mit Zahnstochern zusammenstecken, von beiden Seiten leicht salzen und pfeffern, nach Geschmack mit etwas Mehl überstäuben. Olivenöl in einer Pfanne erhitzen. Die Schnitzel von beiden Seiten scharf anbraten. Dann mit etwas dunkler Jus ablöschen und bei mittlerer Hitze abgedeckt gar schmoren.

Auberginen
schälen, in knapp ein Zentimeter dicke Scheiben schneiden, leicht salzen und pfeffern, in Olivenöl bissfest garen, auf Küchenkrepp abtropfen lassen.

Risotto
Zwiebel fein würfeln und in heißer Butter anschwitzen. Mit Wein auffüllen und solange kochen, bis der Wein fast verdampft ist. Den Reis dazu geben, mit Brühe aufgießen und bei mittlerer Hitze ausquellen lassen. Ab und zu durchrühren, bei Bedarf Brühe nachfüllen. Am Ende der Garzeit auf dem abgeschalteten Herd ruhen lassen. Je nach Geschmack Butter, Kräuter und/oder geriebenen Käse unterrühren. Die Schnitzel mit dem Risotto und den gebratenen Auberginenscheiben auf vorgewärmten Tellern anrichten. Die weiße Tomatensauce über die Auberginenscheiben geben. Heiß servieren.

Zutaten für 4 Personen

für die Saltim Bocca

- 8 Wildschweinschnitzel
- 4 Scheiben Parmaschinken
- 8 Blätter Salbei
- Zahnstocher zum Zusammenstecken
- etwas dunkle Jus
- Olivenöl
- Mehl zum Bestäuben
- Salz, Pfeffer

für die Auberginen

- 12 Scheiben Auberginen
- Olivenöl
- Mehl zum Bestäuben
- Salz, Pfeffer

für die Tomatensauce

- 1 Passiertuch
- 2 kg frische Tomaten
- Mehl
- Salz, Pfeffer
- 1 bis 2 dl Crème double oder Sahne

für das Risotto

- 1 Zwiebel
- 250 g Reis
- 1 cl trockener Weißwein
- Fleischbrühe
- Salz, Pfeffer
- Butter, geriebener Käse, Kräuter nach Geschmack

Wildschwein-Medaillons mit Pilzsauce und Rotwein-Apfelkompott

Die Zwiebel schälen und fein würfeln. Knoblauch schälen und fein hacken. Das Filet in Medaillons schneiden und in 2 EL Olivenöl von jeder Seite 3 bis 4 Minuten braten, pfeffern und salzen. Aus der Pfanne nehmen und warm stellen. Das restliche Öl erhitzen, Zwiebel und Knoblauch darin anbraten, den Honig hinzufügen und leicht karamellisieren lassen. Mit Rotwein ablöschen. Kräuter, Rosinen, klein geschnittene Backpflaumen und geputzte Pilze hinzugeben. Durchrühren und abschmecken. Die Medaillons darauf legen und zugedeckt etwa 10 Minuten auf kleiner Hitze zu Ende garen.

Die Medaillons mit dem Rotwein-Apfelkompott anrichten. Dazu passt besonders gut ein Kartoffelpüree mit gehacktem Bärlauch.

Zutaten für 4 Personen

- 750 g Filet vom Wildschwein
- 1 rote Zwiebel
- 2 Knoblauchzehen
- 4 EL Olivenöl
- 1 EL Honig
- 150 ml lieblicher Rotwein
- 1 EL gehackter Rosmarin
- 1 EL gehackter Thymian
- 1 EL Rosinen
- 50 g Backpflaumen
- 150 g Pilze
- Salz, Pfeffer

Rotwein-Apfelkompott

Den Rotwein und den Portwein mit der Zimtstange, den Pfefferkörnern und dem Sternanis um 2/3 einkochen lassen. Durch ein Sieb in einen Topf passieren und die Gewürze entfernen.

Die Äpfel vierteln, entkernen und in Stücke schneiden. In den Wein geben, den braunen Rohrzucker beifügen und verrühren. Bei mittlerer Hitze unter häufigem Rühren zugedeckt kochen, bis die Äpfel weich sind.

Zutaten

- 250 ml trockener Rotwein
- 50 ml Portwein (oder Sherry)
- 1 Zimtstange (10 cm Länge)
- 12 schwarze Pfefferkörner
- 1 Sternanis
- 3 leicht säuerliche Äpfel, z. B. Cox Orange, Braeburn, o. Ä.
- 100 bis 125 g brauner Rohrzucker

Gefüllte Riesenroulade vom Schwarzwild

Blattspinat in etwas Butter dünsten, mit Salz, Pfeffer, Muskat abschmecken und abkühlen lassen.

Die Eier in einer Schüssel mit Mineralwasser aufschlagen. Den Schafskäse fein zerbröseln und hinzufügen. Mit Pfeffer und Salz abschmecken. Daraus einen großen Eierkuchen backen.

Die Roulade ausbreiten, möglichst flach klopfen, mit Senf bestreichen. Den Eierkuchen darauf legen, darüber den Spinat dünn verteilen und den Braten aufrollen. Mit einem Faden oder mit Rouladennadeln zusammenhalten.

Butter in einer Bratpfanne zerlaufen lassen, 2 EL Öl hinzugeben, Fleischrolle hinein legen und von allen Seiten anbraten. Wein und etwas Wasser angießen. Die Roulade in ca. 90 Minuten zugedeckt gar schoren. Dabei mehrmals wenden und mit dem Bratfond übergießen.

In Scheiben geschnitten auf einer vorgewärmten Platte anrichten. Dazu passen Gemüse der Saison und bunter Wildreis.

Zutaten für 4 Personen

- 1 große Roulade aus der Keule, ca. 500 g
- 300 g Blattspinat
- 50 g Schafskäse
- 2 Eier
- Salz, Pfeffer, Muskat
- Dijon-Senf
- Butter
- Öl
- 1 cl Wein
- Mineralwasser

Hasenpfeffer im Schwobaländle

Zwischen Martinsgans und Sylvesterkarpfen gehört der Weihnachtshase zu den Köstlichkeiten auf einer festlichen Tafel.

Es war ein uraltes Familienrezept. Meine Mutter hatte es bereits von ihrer Mutter übernommen und damit alljährlich meinen Vater und die übrigen Familienmitglieder an den Weihnachtsfeiertagen kulinarisch verwöhnt. Nach diesem Rezept gehört in jeden traditionellen „Hasenpfeffer" neben vielfältigen Zutaten ein Hase, ein Wildkaninchen, zerbröselter Lebkuchen und – die Spitze niederrheinischer Raffinesse – ein Löffel Rübenkraut.

Bevor die Runkelrübe wegen ihres hohen Zuckergehaltes als Ersatz für das teure Zuckerrohr entdeckt wurde, verarbeitete man sie zunächst auch als Gemüse (Kraut). Später wurde die Runkelrübe ausgepresst und als Rohstoff für den süßen Sirup verwendet, den man im Rheinland weiterhin als „Kraut" oder „Krut" bezeichnete. Wie ich mich erinnere, hat Mutter in den ersten Nachkriegsjahren Zuckerrübenkraut „eimerweise" von der niederrheinischen Zuckerfabrik als Zucker- oder Honigersatz für Brotaufstrich oder als „Süßstoff" geholt.

Aus beruflichen Gründen hatte es mich Jahre später zu den Schwaben nach Stuttgart verschlagen. Ich war jung, Anfang 20 und ungeübt im Umgang mit schwäbischer Mentalität und Sprache. In der Ferne überkam mich in der Vorweihnachtszeit im Talkessel der schwäbischen Metropole das Heimweh nach niederrheinischem Hasenpfeffer. So, wie Muttern ihn einst machte . . .

Ich zog also eines Morgens durch Stuttgart, um „Rübenkraut" zu kaufen. Nun denken Schwaben beim Wort „Kraut" an Sauerkraut, Filderkraut, Weißkraut. Nur nicht an streichfähiges Kraut, hergestellt aus Möhren, Äpfeln oder gar Zuckerrüben.

Ein Anruf bei der „Süddeutschen Zuckerfabrik" brachte auch keine Klarheit. Sprach ich von Möhrenkraut, so verstand der Schwabe „Karotten". Fragte ich nach Rübenkraut, so bot er mir „Spitzkohl" an.

Im Büro besprach ich abends auf der Weihnachtsfeier das Beschaffungsproblem mit Kollegen. Ein Kollege empfahl mir den Besuch eines Gewürzstandes auf dem Weihnachtsmarkt. Dort gäbe es allerlei exotische Gewürze. Aber gewiss kein Suppengrün, meinte ein anderer Kollege. Eine schwäbische Kollegin riet mir allen Ernstes, doch mal den Hasenpfeffer ohne mein Kraut zu versuchen. Dies sei bestimmt sehr lecker und danach wolle ich den Hasenpfeffer gewiss nicht mehr anders.

Nach einigen Vierteles Wein kam uns allen spät, sehr spät, aber nicht zu spät die Erleuchtung: Rübenkraut = Sirup aus Zuckerrüben!

Es war der Morgen des Heiligen Abend, als ich bei einem „Traitteur" (hinter den Zutaten für Fondue) ein Glas – und nur dies eine Glas – „Original Niederrheinisches Rübenkraut" entdeckte. Hastig wurde das Glas erworben, bevor es ein anderer Kunde hätte tun können. Rasch trabte ich heim. Am Heiligen Abend zog der Duft heimischen Hasenpfeffers von der Küche aus durch die Diele ins Esszimmer. Auf unnachahmliche Weise rundete der Inhalt dieses Glases „Original Niederrheinisches Rübenkraut" den Geschmack des Weihnachtsbratens und die Stimmung des Heiligen Abend ab.

Später fand das restliche Rübenkraut Verwendung als Beilage zu niederrheinischen Reibekuchen – selbstverständlich selbst gemacht.

Hasenrücken in Paprikaschote

Aus den Hasenrückenteilen 8 Medaillons schneiden. Das restliche Fleisch wird für die Farce verwendet. Den Speck klein schneiden. Die Zwiebeln schälen, würfeln und beides zusammen mit dem restlichen Fleisch fein pürieren. Mit den Eigelben und der Sahne zu einer glatten Farce rühren. Bis zur weiteren Verwendung in den Kühlschrank stellen.

Das Weißbrot klein würfeln. Die Pfifferlinge putzen und in etwa ein Zentimeter große Stücke schneiden. Die Butter in einer kleinen Pfanne zerlassen, die Brotwürfel darin hellbraun rösten. Zusammen mit den Pilzen unter die Farce mischen, salzen, pfeffern und erneut kalt stellen.

Die Paprikaschoten waschen, jeweils einen Deckel von etwa drei Zentimeter Höhe abschneiden. Die Samen und die Scheidewände im Inneren entfernen. Die Butter in einer Pfanne zerlassen. Die Hasenmedaillons mit Salz und Pfeffer würzen und in der Butter von jeder Seite etwa eine Minute anbraten, herausnehmen. Den Bratensatz mit dem Wildfond löschen, loskochen und in eine feuerfeste Form gießen.

Die Paprikaschoten zu etwa einem Viertel mit Farce füllen. Je ein Medaillon auflegen, mit Farce gut bedecken, das zweite Medaillon auflegen, mit der restlichen Farce bedecken, diese etwas andrücken und die Deckel aufsetzen. Die gefüllten Schoten in die Form setzen und bei 180 Grad im vorgeheizten Ofen etwa 20 Minuten garen lassen.

Dazu Kartoffelpüree und Pfifferlinge in Sahnesauce mit Kräutern.
Lecker, lecker.

Zutaten für 4 Personen

- 4 ausgelöste Hasenrückenteile
- 4 Paprikaschoten
- 200 ml Wildfond
- 30 g Butter
- Salz, Pfeffer

für die Farce

- das restliche Hasenfleisch
- 60 g fetter Speck
- 1 kleine Zwiebel
- 2 Eigelb
- 2 EL kalte Sahne
- 40 g Weißbrot ohne Rinde
- 50 g Pfifferlinge
- 1 TL Butter
- Salz, Pfeffer

Hase mit Okraschoten

Zutaten für 4 Personen

- 1 kg Hasenfleisch ohne Knochen
- 100 g Zwiebeln
- 2 Knoblauchzehen
- 400 g geschälte Tomaten
- 20 g Tomatenmark
- Pflanzenöl
- Salz, Pfeffer
- 1/4 Ltr. Wildfond
- die abgeriebene Schale von ½ Zitrone, ungespritzt
- Zitronensaft
- 350 g Okraschoten
- Petersilie
- Zitronenwasser zum Einlegen

Es war Papst Zacharias, der Anno 751 seinen Schäfchen um der Keuschheit Willen den Genuss von Hasenfleisch untersagte. Der Heilige Vater befürchtete, dass das emsige Rammeln der Hasen bereits durch den Genuss des Fleisches dieser Tiere sich auf seine Schäfchen übertragen würde.

Okraschoten sind ein Fruchtgemüse, das aus Äthiopien zu uns gelangte. Deshalb passt Langkornreis hervorragend dazu, aber auch grüne Nudeln oder Baguette. Durch Tomatenmark und geschälte Tomaten bekommt das Gericht einen mediterranen Charakter.

Okraschoten bleistiftartig zuspitzen – die Schoten dabei nicht verletzen, da der Saft, der später die Sauce binden soll, nicht auslaufen darf – und in Zitronenwasser legen.

Fleisch in drei Zentimeter große Stücke schneiden, salzen, pfeffern und in heißem Öl von allen Seiten anbraten. Gehackte Zwiebel und in feine Scheiben geschnittenen Knoblauch zugeben und kurz mitbraten. Tomatenmark unterrühren und ebenfalls 2 bis 3 Minuten mitbraten. Wildfond angießen. Geschälte, entkernte und in halbe Zentimeter große Stücke geschnittene Tomaten (100 g übrig lassen) sowie Zitronensaft zufügen. Salzen, pfeffern und alles bei mittlerer Hitze etwa 40 Minuten köcheln lassen.

Die abgetropften Okraschoten unter das Hasenragout rühren. Restliche Tomaten untermischen und noch einige Minuten köcheln lassen. Abschmecken und mit der abgeriebenen Zitronenschale und Petersilie bestreut servieren.

Breite Bandnudeln mit Hasensauce

„Pappardelle alla lepre" haben ihren Ursprung in der Toskana/Emilia Romagna. In Venedig kommen die Pappardelle auch mit Innereien (Herz, Leber) auf den Tisch.

Das Fleisch in eine Schüssel legen. Den Rotwein angießen. Selleriestangen, Zwiebeln und Knoblauchzehen grob zerteilen und mit Fenchelsamen, Lorbeerblatt, Gewürznelken und Pfefferkörnern in die Marinade geben. Zugedeckt 24 Stunden durchziehen lassen, dabei das Fleisch mehrmals wenden.
Fleisch aus der Marinade nehmen und trocken tupfen. Die Marinade in ein Sieb geben. Den Sud auffangen. Gewürznelken und Pfefferkörner entnehmen. Das Gemüse im Sieb abtropfen lassen.
Olivenöl in einem Schmortopf erhitzen. Hasenstücke hinein geben und rundum anbraten. Gemüse dazugeben und unter Rühren andünsten. Den Sud angießen. Mit Thymian, Salz und Pfeffer aus der Mühle kräftig würzen, zugedeckt bei niedriger Hitze etwa zwei Stunden schmoren lassen.
Tomaten häuten, entkernen und das Fruchtfleisch in kleine Würfel schneiden. Hasenfleisch aus dem Topf nehmen, vom Knochen lösen und in kleine Stücke schneiden. Lorbeerblatt entfernen; die Sauce pürieren.
Tomaten, 2 EL Tomatenmark und die Hasenstücke einrühren. Die Hälfte der Petersilie fein hacken, untermischen. Sauce bei ganz milder Hitze weiter köcheln.
In der Zwischenzeit die Bandnudeln in reichlich Salzwasser al dente (also bissfest) kochen.
Die Sauce abschmecken und mit den Nudeln vermengen. Mit reichlich Petersilie servieren.

Zutaten für 4 bis 6 Personen

- 400 g Pappardelle
- 750 g küchenfertig vorbereitetes Hasenfleisch
- Salz, Pfeffer aus der Mühle
- 500 ml kräftiger Rotwein
- 3 Stangen Staudensellerie
- 2 Gewürznelken
- 1 TL Fenchelsamen
- 2 Zwiebeln
- 1 Bund glatte Petersilie
- 1 Lorbeerblatt
- 3 Knoblauchzehen
- 6 Pfefferkörner
- 1 EL frischer Thymian
- 7 EL Olivenöl
- 400 g reife Tomaten
- 2 EL Tomatenmark

Filet vom Kaninchen im Kartoffelmantel

Kartoffelpüree mit sehr fester Konsistenz zubereiten.

Kaninchenrücken parieren und die Filets auslösen. Speck würfeln und mit den Filets in Öl anbraten.

Ein Stück Alufolie mit Butter ausstreichen. Speck und Eigelb untermengen. Das Kartoffelpüree in Form eines Rechtecks auf die Alufolie streichen. Die Filetstücke darauf legen und mit dem restlichen Püree zudecken. Die Folie zu einem „Bonbon" wickeln und etwa 45 Minuten bei 200 Grad in den Ofen legen.

Aus Balsamicoessig, Himbeergelee und Rotwein eine Sauce zubereiten, nach Geschmack mit Butter montieren. Das „Bonbon" aufschneiden und anrichten. Mit der Sauce umgeben und mit gehackten Kräutern dekorieren.

Als Beilage: Gemüse der Saison.

Zutaten für 4 Personen

- 4 Filets von Kaninchen
- Öl
- 2 Packungen Kartoffelpüree
- 100 g durchwachsener Speck
- 1 Eigelb
- Butter
- 200 cl Himbeergelee
- Balsamicoessig, Rotwein
- Salz, Pfeffer
- Kräuter nach Wahl

Gegrilltes Kaninchen mit Tomatenvinaigrette

Zutaten für 4 Personen

- 1 ganzes Kaninchen, in 6 bis 8 Teile zerteilt oder 4 Kaninchenkeulen
- 2 EL Olivenöl
- 1 EL Senf
- 1 EL Zitronensaft
- 1 TL Thymian
- 1 TL Rosmarin
- 200 g Speck in dünnen Scheiben

für die Tomatenvinaigrette

- 4 EL Öl
- 2 bis 3 EL Weinessig
- 1 TL Senf
- 1 bis 2 gewürfelte Gewürzgurken
- 1 kleine, gewürfelte Zwiebel
- 1 Bund Petersilie oder Schnittlauch, fein geschnitten
- 1 EL gehackte Kapern
- Salz, Cayenpfeffer oder Chili
- 1 Prise Zucker
- 2 bis 3 Tomaten

Aus Olivenöl, Senf, Zitronensaft, Thymian und Rosmarin eine Marinade rühren und die Kaninchenteile damit bestreichen; mindestens zwei Stunden ruhen lassen.
Dann mit den dünnen Speckscheiben umwickeln und mit Küchengarn festbinden.

Die Fleischpäckchen in eine Grillpfanne oder auf den Grillrost geben. Bei mittelstarker Hitze 45 Minuten grillen, ab und zu wenden.

Die Zutaten für die Vinaigrette verrühren und die klein gewürfelten Tomaten untermischen. Nach Geschmack mit Chili oder Cayennepfeffer abschmecken.

Lecker dazu: Bohnensalat und Grillkartoffeln.

Geschmortes Kaninchen

„Kaninchen gehören zu den unglücklichen Tieren", sagte die erfahrene Köchin, als sie den Bräter zum Schmoren in die Backröhre schob, „denn ein Kaninchen ist für eine Mahlzeit zu viel und für zwei Mahlzeiten zu wenig".

Es gibt zahllose Kaninchenrezepte auf der Welt – was vielleicht daran liegt, dass sich das relativ geschmacksneutrale Wildbret mit allen nur denkbaren Zutaten kombinieren lässt. Der „graue Flitzer" eignet sich vor allem für Schmorgerichte.

Das Kaninchen waschen, trocken tupfen, parieren, das Fett entfernen und in sechs bis acht Stücke teilen, mit Salz und Pfeffer einreiben. 25 g Butter erhitzen und das Fleisch von allen Seiten gut anbraten. Das Lorbeerblatt, Thymian und die Knoblauchzehen zu dem Fleisch geben, mit etwas Fleischbrühe auffüllen und 60 Minuten schmoren lassen. Nach und nach die restliche Fleischbrühe angießen.
Die Zwiebeln abziehen und würfeln. Die Möhren schälen und in Scheiben schneiden. Die Tomaten kurz in heißes Wasser geben, häuten, in Scheiben schneiden, Stängelansätze entfernen.
Den durchwachsenen Speck in Würfel schneiden, auslassen, den Rest der Butter zugeben und das Gemüse darin andünsten. Mehl darüber stäuben, verrühren und alles 10 Minuten vor Ende der Garzeit zu dem Kaninchen geben und fertig schmoren.
Mit Salz, Pfeffer, Zucker und Tomatenmark abschmecken und mit der gehackten Petersilie bestreuen.
Als Beilage schmecken Salzkartoffeln besonders gut.

Zutaten für 4 Personen

- 1 Kaninchen von ca. 1,5 kg
- 100 g Butter
- 250 ml Fleischbrühe
- 2 mittelgroße Zwiebeln
- 2 Möhren
- 5 Tomaten
- 100 g durchwachsener Speck
- Salz, Pfeffer
- 1 Lorbeerblatt
- Thymian
- Petersilie
- 2 Knoblauchzehen
- 1 EL Mehl
- 1 Prise Zucker
- 1 EL Tomatenmark

Wildkaninchen in Buttermilch

Zwiebeln und Knoblauchzehen in Scheiben schneiden. Das Olivenöl in einem Topf erhitzen, Zwiebeln, Knoblauch und Salbeiblätter darin anschwitzen, dann heraus nehmen.

Das zerlegte Kaninchen in dem restlichen Öl rundum anbraten, mit Salz und Pfeffer würzen und mit Mehl bestäuben.

Zwiebeln, Knoblauch und Salbeiblätter wieder zugeben, die Buttermilch angießen und im geschlossenen Topf eine Stunde schmoren. Die Sauce mit Cognac abschmecken. Das Kaninchen in der Sauce servieren. Dazu schmecken grüne bzw. bunte Nudeln.

Zutaten für 6 Personen

> 1 Wildkaninchen
> 500 g Zwiebel
> 2 Knoblauchzehen
> 4 EL Olivenöl
> 3 Salbeiblätter
> Salz, Pfeffer
> 3 EL Mehl
> 500 ml Buttermilch
> 2 EL Cognac oder Weinbrand

Wildkaninchen – italienisch geschmort

Das Kaninchen in Stücke teilen. Knoblauch in Scheiben schneiden. Öl in einem Bräter erhitzen. Die Kaninchenteile und die Knoblauchscheiben darin anbraten und mit Salz und Pfeffer würzen. Bräter abgedeckt in den vorgeheizten Backofen schieben. Bei 200 Grad etwa 20 Minuten schmoren lassen.

In der Zwischenzeit die Zwiebeln abziehen und vierteln. Zucchini waschen und in Scheiben schneiden. Tomate vierteln. Limette in feine Scheiben schneiden. Vom Rosmarinzweig einen Teelöffel Nadeln abzupfen.

Zwiebeln, Zucchini- und Limettenscheiben, geschälte Tomaten, Oliven, Rosmarinzweig und die abgezupften Nadeln zum Fleisch in den Bräter geben. Mit Salz und Pfeffer würzen, den Wein angießen. Abgedeckt weitere 20 Minuten schmoren lassen. 5 Minuten vor Ende der Garzeit die Tomatenviertel zufügen.

Zutaten für 6 Personen

- 1 Kaninchen
- 3 Knoblauchzehen
- 2 EL Olivenöl
- Salz, Pfeffer
- 5 Zwiebeln
- 750 g Zucchini
- 1 Dose geschälte Tomaten
- 1 Tomate
- 1 unbehandelte Limette
- je 40 g grüne und schwarze Oliven
- 1 kleiner Zweig Rosmarin
- 150 ml trockener Weißwein oder Brühe mit einem Spritzer Zitronensaft

35

Ungarn – mehr als Paprika und Puszta

Häufig führen mich meine Pirschpfade nach Ungarn. Neben der weiten Landschaft, der reichhaltigen Tier- und Pflanzenwelt sind es die Begegnungen mit den Menschen, die mich in dieses Land ziehen. In der spontanen Gastlichkeit der bescheidenen aber stolzen Magyaren liegt sehr viel Großzügigkeit und Herzlichkeit. Paprika, Knoblauch und Palinka locken mich ebenso wie Hirsch, Sau und Bock. Stimmungsvoll und waidgerecht ist die Jagd. Denn das noch von der k.u.k.-Zeit geprägte Jagdwesen entspricht unserem Begriff von Jagdethik.

Lebhaft ist die Erinnerung an eine Flasche wunderbaren ungarischen Roten. Abends sitzen wir auf der Ofenbank im Wohnzimmer. Leise gesprochen – fast geflüstert – wird bei unserer Weinprobe. „Der Wein zieht ins Glas", flüstert Sándor, hebt vielsagend den Zeigefinger der linken Hand und dreht das halb gefüllte bauchige Rotweinglas – den Stiehl zwischen Daumen und Zeigefinger haltend – in den hellen Schein einer honigfarbenen Kerze. „Rotwein braucht Luft", heißt es. Aromen steigen in die Nase, entfalten sich auf der Zunge. Sándor summt ein altes ungarisches Volkslied ...

Von der Morgenpirsch kommend kehren wir in einer Kneipe ein. Schwarzhaarige Zigeuner mit geschwungenem Schnurrbart kaufen an der Theke ihre Zigaretten einzeln ein.

Paprikas csirke (Paprikahuhn) hat der Wirt mit weißer Kreide auf ein Holzbrett geschrieben. Uns knurrt der Magen ...

Paprikas csirke (Paprikahuhn)

Zutaten für 4 Personen

- > 4 Hühnerschenkel
- > 1 große Zwiebel
- > 40 g Pflanzenöl
- > 2 gehäufte EL Paprikapulver
- > 2 bis 3 rote Paprikaschoten
- > 2 Tomaten
- > 400 ml saure Sahne
- > 1 bis 2 TL Mehl

Hier das Rezept dieses typisch ungarischen Gerichtes.

Zwiebeln fein hacken und in einem großen Topf in Öl glasig dünsten. Hitze herunterstellen, das Paprikapulver auf die Zwiebeln schütten.

Hähnchenschenkel waschen, abtupfen, in den Topf geben. Mit der Zwiebel-Paprika-Mischung vermengen, vorsichtig anbraten. Salz hinzufügen und das Ganze in geschlossenem Topf schmoren lassen.

Paprika und Tomaten in kleine Stücke schneiden, dem Fleisch beifügen. Gelegentlich umrühren, weiter schmoren lassen, bis die Hähnchenschenkel gar sind. Bei offenem Topf die Sauce leicht einkochen.

Das Mehl mit etwas Wasser verrühren und unter die saure Sahne ziehen. Die Mischung zum Binden an den Hühnertopf geben, unterrühren und kurz aufkochen.

Mit einer Scheibe grüner Paprika servieren. Dazu schmecken Reis, Nudeln oder „Krumpli" – wie in Ungarn die Kartoffeln heißen.

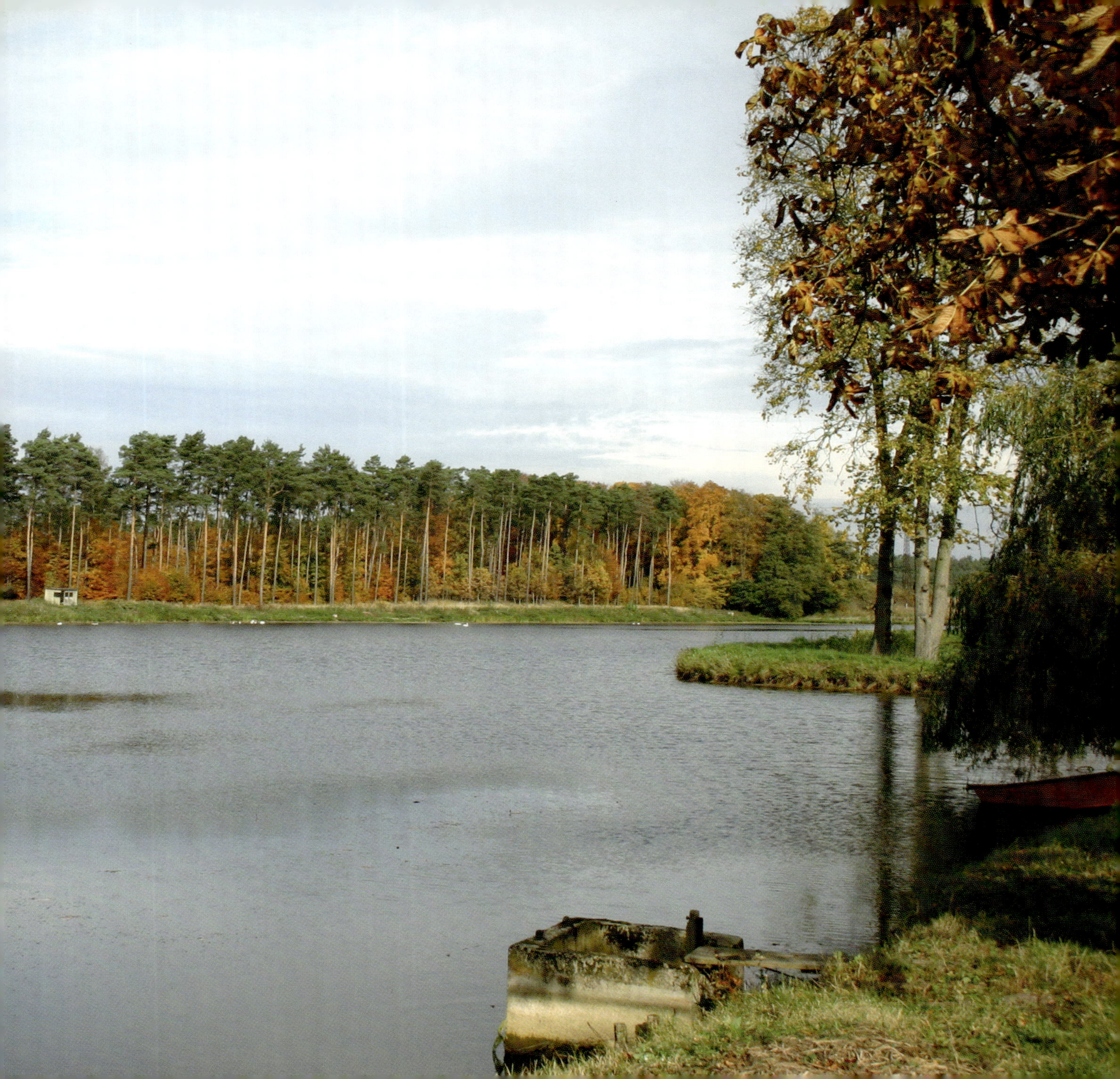

Lecker und äußerst bekömmlich: Wildente auf chinesische Art mariniert

Wegen ihres besonders ausgeprägten Eigengeschmackes wird in der chinesischen Küche das Fleisch der Ente höher eingeschätzt als das Fleisch des Huhns.

Enten waschen und trocken tupfen. Das Fleisch auslösen und in kleine Stücke schneiden. Sojasoße, Reiswein, den Saft der Orange und den Honig mit 1 EL Speisestärke verrühren und das Entenfleisch darin eine Stunde marinieren.

In der Zwischenzeit den Chinakohl und die Frühlingszwiebeln putzen. Chinakohl in Streifen und Frühlingszwiebeln in Stücke schneiden. Mandelblätter ohne Fett in einer Pfanne goldbraun rösten.

Das Fleisch aus der Marinade nehmen, in erhitztem Öl rundum scharf anbraten, etwa 10 Minuten bei mittlerer Hitze weiter braten, herausnehmen und warm stellen.

Chinakohl und Frühlingszwiebeln im Bratfett andünsten. Die verbliebene Marinade angießen, das Fleisch wieder zufügen, mit Salz, Pfeffer und Sambal Oelek pikant abschmecken, Mandelblättchen untermischen.

Mit chinesischen Mie-Nudeln oder Naturreis anrichten.

Zutaten für 4 Personen

- 2 küchenfertige Enten
- 4 EL Sojasoße
- 100 ml Reiswein
- 200 g Chinakohl
- 1 Bund Frühlingszwiebeln
- 1/2 rote Paprika
- 1 Orange
- 2 EL Honig
- 40 g Mandelblättchen
- 2 EL Öl
- Salz, Pfeffer
- Sambal Oelek
- 1 EL Speisestärke

Wildentenbrust in der Pfefferkruste

Wir rechnen mit einer Entenbrust pro Person – für eine Hauptmahlzeit darf es natürlich etwas mehr sein.

Die Ente der Länge nach in der Mitte durchtrennen, salzen und pfeffern. In Sonnenblumenöl von jeder Seite 2 Minuten anbraten. In den auf 180 Grad vorgeheizten Ofen stellen und weitere 30 Minuten braten.

Die Butter in einer Schüssel geschmeidig rühren oder kneten. Dann mit den übrigen Zutaten für die Pfefferkruste zu einer Paste vermischen.

Die Ente aus dem Ofen nehmen. Die Brüste auslösen und die Keulen abtrennen. Das Bratfett mit dem Fond unter Rühren loskochen, mit Salz und Pfeffer würzen.
Pilze putzen, mit Küchenpapier abreiben, je nach Größe halbieren oder vierteln. Die Zwiebel sehr fein hacken, in der Butter glasig dünsten. Die Pilze 3 bis 4 Minuten mitbraten, salzen, pfeffern. Alles in den reduzierten Fond einrühren und mit geschnittenem Schnittlauch bestreuen.

Die Oberseite der Entenbrüste und die Keulen mit der Pfefferkruste bestreichen. Mit grünem Pfeffer bestreuen und die Teile 2 bis 3 Minuten im Grill gratinieren.
Mit der Pilzbeilage anrichten.

Zutaten für 4 Personen

- 1 Wildente
- Salz, Pfeffer
- 2 EL Sonnenblumenöl
- 200 ml Geflügelfond

für die Pfefferkruste

- 100 g weiche Butter
- 1 Eigelb
- 50 g Paniermehl
- 1 bis 2 TL frisch gemahlene Wacholderbeeren
- 1 TL abgeriebene Schale einer unbehandelten Zitrone
- Salz
- 1 EL frisch gehackte Pfefferkörner
- grüner Pfeffer

für die Pilzbeilage

- 300 g Pilze (Pfifferlinge, Rotkappen, gemischte Pilze)
- 1 kleine Zwiebel
- 25 g Butter
- Salz, Pfeffer
- 1 EL Schnittlauchröllchen

41

Wildentenbrust in der Honigkruste mit süß-scharfem Zwiebelkompott aus der Toskana

Die Entenbrüste gründlich abspülen und trocken tupfen. Mit den Gewürzen einreiben und mit der Hautseite nach unten in einen Bräter legen. Wasser, Brühe und Weißwein angießen. Im geschlossenen Bräter im vorgeheizten Backofen bei 170 Grad etwa 30 Minuten braten.

Rosinen und den Saft der Orangen in den Bräter geben, die Entenbrüste mit Honig bestreichen. Im offenen Bräter unter häufigem Begießen mit dem Bratensaft nochmals 30 Minuten garen.

Die Sauce nach Geschmack mit Speisestärke binden.

Die Schärfe des Zwiebelkompottes korrespondiert mit der Süße des Honigs.

Zutaten für 4 Personen

- 4 Entenbrüste
- Salz, Pfeffer
- je ein EL Majoran, Rosmarin, Beifuß
- 4 EL Rosinen
- 1 Tasse Wasser
- 1/8 Ltr. Brühe
- Saft von 2 Orangen
- 2 EL Honig
- 1/8 Ltr. Weißwein
- Speisestärke

Süß-scharfer Zwiebelkompott aus der Toskana

Dieser süß-scharfe Zwiebelkompott aus der Toskana kann auch Tage vorher und bei entsprechend größerer Menge „auf Vorrat" gekocht und eingemacht werden. Denn sowohl kalt als auch warm ist der Kompott ein Gaumenschmaus.

Köstlich zu Enten und zu Schwarzwild.

Rosinen hacken, 10 Minuten in lauwarmem Wasser einweichen und anschließend gut abtropfen lassen.
Die geputzten Zwiebeln und den geschälten Apfel in dünne Scheiben schneiden.
Zusammen mit Balsamico, Rotwein, Rohrzucker und Rosinen in eine Pfanne geben und bei schwacher Hitze schmoren, bis fast die gesamte Flüssigkeit verkocht ist.
Den Honig hinzufügen und noch weitere 5 bis 10 Minuten köcheln lassen, ab und zu umrühren.

Zutaten für 4 Personen

> 250 g rote Zwiebeln
> 150 ml trockener Rotwein
> 50 ml Balsamico-Essig
> 1 säuerlicher Apfel
> 1 EL Honig
> 20 g Rosinen
> 2 EL Rohrzucker

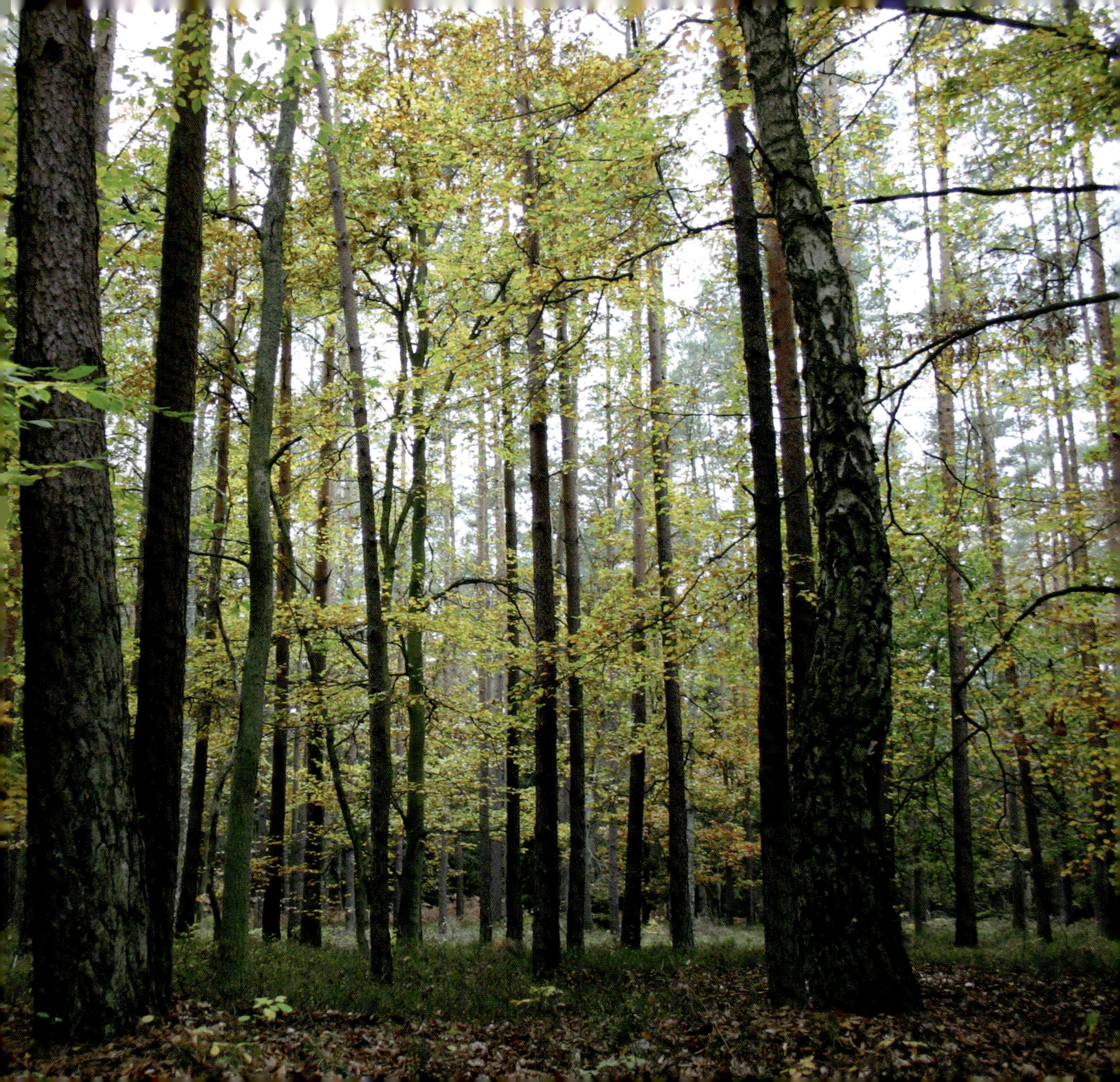

Damwildragout in überbackenen Muschelnudeln

Fleisch in Würfel schneiden und mit dem durchwachsenen Speck durch den Fleischwolf drehen. Knoblauchzehe, Zwiebel, Möhre und die Kräuter sehr fein hacken. Das Fleisch in Öl anbraten. Kräuter und Tomatenmark hinzufügen, 2 Minuten mitbraten. Das Gemüse hinzufügen und etwa 20 Minuten zugedeckt garen. Mit Salz und Pfeffer abschmecken.

Die Muschelnudeln al dente kochen und mit dem Ragout füllen. Geriebenen Käse darüber geben und im Backofen goldbraun überbacken.

In der Zwischenzeit den Spinat in etwas Wildfond garen, die in Würfel geschnittenen Tomaten und Limettensaft hinzugeben und abschmecken. Die überbackenen Muschelnudeln auf dem Spinat anrichten und mit geriebenem Käse bestreuen.

Zutaten für 4 Personen

- 8 große Muschelnudeln „Conchiglioni"
- 250 g Fleisch vom Damwild
- 50 g durchwachsener Speck
- 1 Knoblauchzehe
- 1 rote Zwiebel
- Rosmarin
- Thymian
- 1 Möhre
- 1 EL Tomatenmark
- Öl
- Spinat
- Tomaten
- Salz, Pfeffer, Muskat
- Wildfond
- geriebener Käse
- Saft von 1/2 Limette

Filet vom Damwild an Pilzrisotto

Grundsätzlich gilt bei Pilzen: nur solche Exemplare sammeln, die man kennt...
Folgen eines Fehlgriffs können gefährlich sein.

Schalotten fein würfeln. Knoblauch pellen und zerdrücken. Petersilienblätter fein hacken. Schalotten und Knoblauch in 20 g Butter und 2 EL Öl glasig dünsten. Ein EL Rosmarin und den Reis zugeben und kurz mitdünsten. Mit 200 ml heißer Brühe auffüllen und unter häufigem Rühren etwa 20 Minuten kochen. Nach und nach die restliche heiße Brühe angießen. Mit etwas Salz und reichlich Pfeffer würzen. Kurz vor Ende der Garzeit das Quittengelee (Rezept Seite 89) unterheben.

In einer Pfanne die restliche Butter und das restliche Öl erhitzen. Das Damwildfilet darin rundum gut anbraten. Bei reduzierter Temperatur etwa 5 Minuten weiter braten, salzen und pfeffern, herausnehmen. In Alufolie einwickeln und im warmen Backofen etwa 10 Minuten ruhen lassen.

Die geputzten Pilze und Rosmarin in den Bratfond geben und bei milder Hitze etwa 5 Minuten dünsten, abschmecken und unter das Risotto heben. Das Fleisch schräg in Scheiben schneiden und auf dem Risotto anrichten.

Zutaten für 4 Personen

- 500 g Rückenfilet vom Damwild
- 150 g Pilze nach Wahl
- 3 Schalotten
- 2 Knoblauchzehen
- 1 Bund glatte Petersilie
- 50 g Butter
- 5 EL Olivenöl
- Rosmarin
- 200 g Risottoreis
- 750 ml Gemüsebrühe
- Salz, Pfeffer
- 50 g Quittengelee

Damwild – mal italienisch ...

Das aus den Mittelmeerländern stammende Damwild brachten mit hoher Wahrscheinlichkeit die Römer (bis 400 n. Chr.) in unseren Raum. Es wurde in Germanien als Gehege- und Opferwild gehalten.

In seinem „Allgemeinen Thier-Buch" von 1669 erwähnt D.C. Gesner „Des Damhirschen Koth mit Myrrhenöhl bereitet, machet die Haare wachsend."

Dieses Gericht vom Damwild – nach Art „Vitello tonnato" – wird gewiss Ihren Appetit wachsen lassen.

Für die Sauce das Eigelb mit den Sardellenfilets, dem abgetropften Thunfisch und 2 EL Kapern pürieren. Einige EL Kochsud und den Saft einer halben Zitrone zufügen. Langsam das Öl unterrühren, bis eine cremige Masse entstanden ist. Zum Schluss die halbsteif geschlagene Sahne vorsichtig unterheben und alles mit Pfeffer abschmecken.

Das in dünne Scheiben geschnittene Fleisch anrichten, mit der Sauce übergießen, mit den restlichen Kapern und Zitronenscheiben garnieren.

Suppengrün waschen, putzen und grob zerkleinern. Knoblauchzehe schälen. Fleisch, Suppengrün, Knoblauchzehe, Lorbeerblätter und 1 TL Salz in einen Topf geben, die Brühe aufgießen, einmal aufkochen und anschließend 90 Minuten leicht köcheln lassen. Weißwein und Petersilie zufügen, das Fleisch in diesem Sud etwa sechs Stunden abkühlen.

Zutaten für 4 Personen

> 500 g ausgelöstes Wildbret aus Keule oder Rücken
> 1 Bund Suppengrün
> 1 Bund Petersilie
> 1 Knoblauchzehe
> 2 Lorbeerblätter
> 1 Ltr. Gemüse- oder Fleischbrühe
> 250 ml trockener Weißwein
> 1 Eigelb
> 4 Sardellenfilets
> 1 Dose Thunfisch in Wasser
> 3 EL Kapern
> Öl
> 100 g Sahne
> 1 ungespritzte Zitrone
> Salz, weißer Pfeffer

Hirschgulasch italienisch

Zwiebel und Knoblauchzehe fein hacken. In Öl glasig dünsten. Das Hirschgulasch hinzufügen und von allen Seiten anbraten. Die Tomaten und den Salbei dazu geben. Bei milder Hitze etwa 20 Minuten schmoren lassen. Die Waldpilze, die Oliven und die klein geschnittene Tomate hinzufügen und weitere 10 Minuten schmoren lassen. Mit Salz und Pfeffer würzen. Dazu schmecken grüne Nudeln und ein Gemüse aus Kichererbsen mit roter Paprika.

Zutaten für 4 Personen

- 500 g Hirschgulasch
- 1 rote Zwiebel
- 1 Knoblauchzehe
- 1 Tomate
- 100 g Waldpilze
- 12 schwarze Oliven
- 2 Tassen passierte Tomaten
- Olivenöl
- Salz, Pfeffer
- Salbei

Hirsch-Spieße auf roten Linsen

Linsen in wenig Wasser 2 Minuten garen und abgießen. Knoblauch hacken. Lauch putzen, in Ringe schneiden und mit dem Knoblauch in Öl andünsten. Linsen und Essig zugeben, salzen und pfeffern.

Schinkenscheiben längs halbieren. Hirschfilet in etwa drei Zentimeter große Stücke schneiden, in Schinkenstreifen wickeln und in heißem Öl von allen Seiten scharf anbraten. Bei reduzierter Hitze etwa 5 Minuten fertig garen. Pfeffern (nicht salzen, der Schinken gibt genug Salz ab) und mit Salbeiblättern auf Spieße stecken. Auf dem Linsengemüse anrichten.

Zutaten für 4 Personen

> 250 g rote Linsen
> 2 Knoblauchzehen
> 1 Stange Lauch
> 4 EL Olivenöl
> 2 EL Weißweinessig
> 6 Scheiben Parmaschinken
> 300 g Hirschfilet
> 1 Bund Salbei
> 4 Holzspieße
> Salz, Pfeffer

Hirschsteaks mit Gorgonzola

Das Hirschfilet in 4 gleich dicke Scheiben schneiden.

Das Butterschmalz in einer Pfanne stark erhitzen. Die Filetscheiben ins Fett legen und die Temperatur auf mittlere Hitze herunterschalten. Die Filetscheiben von jeder Seite 2 bis 3 Minuten anbraten, dann aus der Pfanne nehmen, mit Pfeffer bestreuen und zugedeckt ruhen lassen. (Salzen ist nicht notwendig, da der Gorgonzola genug Salz abgibt.)

Den Käse mit einer Gabel weich kneten und mit der Crème double zu einer glatten Masse verrühren.

Die Filetscheiben nebeneinander auf eine feuerfeste Platte legen und die Käsecreme gleichmäßig darauf verteilen.

Im Backofen auf der oberen Schiene so lange überbacken, bis der Käse zerläuft und leicht gebräunt ist.

Dazu schmecken Gnocchi und Zuckerschoten oder Kichererbsen besonders gut.

Zutaten für 4 Personen

> 600 g Hirschfilet
> 2 EL Butterschmalz
> frisch gemahlener schwarzer Pfeffer
> 100 g Gorgonzola (oder ein anderer milder Edelpilzkäse)
> 2 EL Crème double

Mit Olivenpaste gefülltes Hirschfilet

Zutaten für 4 Personen

- 150 g grüne Oliven ohne Steine
- 4 EL Olivenöl
- 1 Bund Schnittlauch
- 1 bis 2 EL Semmelbrösel
- Salz, Pfeffer
- Cayennepfeffer
- 500 g Hirschfilet
- 50 ml Rotwein
- 1/8 Ltr. Brühe

Oliven abspülen und abtropfen lassen, einige beiseite legen. Die restlichen Oliven mit 2 EL Öl pürieren. Schnittlauch in Röllchen schneiden, 2 EL beiseite stellen, den Rest mit den Semmelbröseln zum Püree geben, mit Salz, Pfeffer und Cayennepfeffer würzen.

Das Hirschfilet längs tief einschneiden, aufklappen und mit dem Püree füllen. Die Seiten mit Holzstäbchen zustecken. Das Filet rundherum mit Salz und Pfeffer würzen und im restlichen Olivenöl von allen Seiten anbraten. Dann zugedeckt bei milder Hitze etwa 20 Minuten garen.

Das Hirschfilet in Alufolie wickeln und ruhen lassen. Den Bratensatz mit Rotwein und Brühe loskochen, einreduzieren und mit Salz und Pfeffer abschmecken.

Das Fleisch aufschneiden, mit der Sauce anrichten und mit dem restlichen Schnittlauch und den restlichen Oliven garnieren.

Mit Polenta und Grilltomate - ein Gedicht!

Beruf: Aufschneider

Es war bis 1700 üblich, mit den Fingern zu essen. Deshalb mussten die Speisen vorher zerlegt und in mundgerechte Stücke zerteilt dem Gast vorgelegt werden. Bei Hofe war das Tranchieren ein hohes Amt, vorbehalten Würdenträgern und Mitgliedern vornehmer Familien. Seit dem 16. Jahrhundert gibt es Bücher über das Tranchieren. Sie enthalten genaue Anweisungen in Wort und Bild über das Vorschneiden. Die hohe Kunst bestand darin, ein Geflügel auf eine Gabel aufgespießt in der Luft zu tranchieren.

Rehfilet in Blätterteig

Blätterteig auftauen lassen. Filet in der Butter von allen Seiten anbraten und abkühlen lassen. Tatar mit Sahne, Eiern und Kräutern mischen. Mit Salz, Pfeffer, Paprika und Muskat kräftig abschmecken. Blätterteig auf einer bemehlten Oberfläche auslegen. Mit den gemahlenen Haselnüssen bestreuen. Die Hälfte der Farce auf den Blätterteig geben, das Filet darauf legen und mit der restlichen Farce rundum abdecken. Teig um das Filet schlagen. Die Ränder gut zusammendrücken. Das Teigpäckchen auf ein mit kaltem Wasser abgespültes und noch ziemlich feuchtes Backblech legen. Eigelb mit Milch verquirlen und den Blätterteig damit einpinseln. Im Backofen bei 200 Grad auf der mittleren Schiene 30 Minuten backen.

Zutaten für 6 Personen

- 600 g tiefgefrorener Blätterteig
- 600 g Rehfilet
- 30 g Butter
- 180 g Tatar
- 80 g Sahne
- 2 Eier
- 3 EL frisch gehackte, gemischte Kräuter (z. B. Kerbel, Petersilie, Salbei)
- Salz, schwarzer Pfeffer
- edelsüßes Paprikapulver
- 1 Prise geriebene Muskatnuss
- 90 g gemahlene Haselnüsse
- 2 EL Milch
- 1 Eigelb

Ossobuco - Beinscheiben vom Reh

Zwiebeln und Staudensellerie in kleine Würfel schneiden. Die Beinscheiben leicht in Mehl wenden. Öl in einem Bräter erhitzen. Die Beinscheiben von beiden Seiten goldbraun anbraten, salzen, pfeffern und herausnehmen.

Die Butter zu dem Bratfond geben, Zwiebeln und Sellerie darin andünsten, mit dem Wein ablöschen, Fond angießen, die Beinscheiben einlegen und zugedeckt etwa zwei Stunden schmoren. Nach einer Stunde die Beinscheiben wenden.

Knoblauch zerdrücken, Petersilienblätter fein hacken, beides mit der abgeriebenen Zitronenschale vermischen. Die Hälfte dieser Mischung kurz vor Garende vorsichtig in die Sauce rühren und etwas ziehen lassen. Die andere Hälfte beim Anrichten über die Beinscheiben streuen.

Wer´s richtig mediterran liebt, genießt diese Köstlichkeit mit Thymianpolenta.

Zutaten für 4 Personen

- 4 Beinscheiben vom Reh (aus der Keule, etwa 3 cm dick, mit Knochen)
- 2 Zwiebeln
- 150 g Staudensellerie
- 1 Knoblauchzehe
- 1 Bund glatte Petersilie
- Schale einer unbehandelten Zitrone
- 5 EL Olivenöl
- 30 g Butter
- 250 ml Rehfond
- 200 ml Weißwein
- Mehl
- Salz, Pfeffer

Wald und Meer – Duett von Reh und Lachs im Wirsingmantel

Hier werden zwei Zutaten miteinander kombiniert, die auf den ersten Blick nicht so recht zusammenpassen wollen. Doch einmal probiert macht Lust auf mehr.

Für die Farce Fleisch und Toast durch den Fleischwolf drehen. Die Masse mit Ei, Crème double und Sherry vermischen und 30 Minuten tief kühlen. Danach gut umrühren und mit Salz und Pfeffer abschmecken. Nach eigenem Geschmack können Kräuter beigemischt werden. Dadurch erhält die Farce ein dezentes Aroma und eine farbige Note.

Die Wirsingblätter 2 Minuten in kochendem Wasser blanchieren, danach kurz in Eiswasser legen. Die Blätter abtrocknen und leicht überlappend auslegen. Mittig Farce aufstreichen, die Hälfte des Rehfleisches darauf legen und pfeffern. Das Fleisch wieder mit Farce bestreichen, den Lachs darüber legen, mit Zitronensaft beträufeln, wieder mit Farce bestreichen und die zweite Hälfte des Fleisches darauf legen und pfeffern. Alles mit der restlichen Farce umhüllen. Die Wirsingblätter zu einem Päckchen einschlagen. Im Backofen bei 190 Grad 50 Minuten garen (oder im Römertopf bei 200 Grad etwa 75 Minuten).

Das „Päckchen" in Scheiben schneiden und mit Salzkartoffeln sowie Gemüse der Saison servieren.

Zutaten für 4 Personen

- 2 x 200 g Rehfleisch
- 200 g Lachsfilet
- 8 große Wirsingblätter
- Pfeffer
- Saft einer halben Zitrone

für die Farce

- 100 g helles Fleisch (Geflügel, Kalb, Pute),
- 1 Ei
- 1 Scheibe Toast oder Weißbrot vom Vortag (ohne Kante)
- 100 g Crème double
- 2 cl trockener Sherry
- Salz, Pfeffer
- Kräuter

Reh im Wirsingblatt mit Polenta und Cranberries

Geschmackliches Gipfeltreffen: südländische Polenta kombiniert mit nordischem Wirsing und den aus Amerika stammenden Cranberries

Cranberries sind am ehesten mit Wildpreiselbeeren zu vergleichen, haben aber einen kräftigeren und angenehm herben Geschmack. Sie sind in Amerika seit Jahrhunderten beliebt – bei uns jedoch noch nicht allzu bekannt. Frische Cranberries gibt es von September bis Dezember. Da sie hervorragend einzufrieren sind, kann man ihren unverwechselbaren Geschmack das ganze Jahr über genießen. Für den Gebrauch nicht auftauen, sondern nur mir kaltem Wasser abspülen und wie frische Beeren zubereiten.

Die Polenta nach Anweisung auf der Verpackung herstellen. Auch hier können – nach eigenem Geschmack – frische Kräuter beigemischt werden. Auf einem Blech ca. 1 cm dick ausstreichen. Zum Anrichten in gewünschter Größe Formen (Kreise, Rauten, Rechtecke, o.ä.) ausschneiden.

Für die Farce das Fleisch mit Eiweiß und Toast durch den Fleischwolf drehen. Die Masse mit Crème double und Sherry vermischen und 30 Minuten tiefkühlen. Danach gut umrühren und mit Salz und Pfeffer abschmecken. Nach eigenem Geschmack können Kräuter beigemischt werden. Dadurch wird die Farce farbig und geschmacklich intensiver.

Das Fleisch in 4 gleich große Stücke teilen. Wirsingblätter blanchieren, 2 Minuten in kochendes Wasser, danach kurz in Eiswasser legen. Ein Blatt mit 2 EL Farce bestreichen, 1 Stück Fleisch auf die Farce legen und mit 2 EL Farce abdecken. Das zweite Blatt oben auf legen, wie eine „Roulade" zusammen rollen und mit Küchengarn binden. Die restlichen Fleischstücke ebenso verarbeiten.
Im Backofen bei 190 Grad ca. 50 Minuten (oder im Römertopf bei 200 Grad ca. 75 Minuten) garen.

Die „Päckchen" aufschneiden und mit der Polenta und Cranberries servieren. Einfach köstlich!

Zutaten für 4 Personen

- 500 g Rehfleisch (Rücken oder Keule)
- 8 Wirsingblätter
- Cranberries

für die Farce

- 100 g helles Fleisch (Geflügel, Kalb, Pute)
- 1 Eiweiß
- 1 Scheibe Toast oder Brot vom Vortag (ohne Kante)
- 100 g Crème double
- 2 cl trockener Sherry
- Salz, Pfeffer
- Kräuter

für die Polenta

- 1 Ltr. Wasser
- 350 g Maisgrieß (Polenta)
- 40 g frisch geriebener Parmesan
- Salz, Muskat
- frische Kräuter

Rehfilet in der Nusskruste

Das Filet in heißem Butterschmalz rundum scharf anbraten, salzen und pfeffern, bei reduzierter Hitze einige Minuten nachziehen lassen. In der Zwischenzeit Walnüsse und Pimentkörner klein hacken, mit Semmelbröseln, dem Bratfond und der weichen Butter zu einer cremigen Paste verrühren. Filet damit bestreichen, im nicht zu heißen Ofen goldbraun überbacken.

Mit Schupfnudeln und Gemüsen
der Saison servieren.

Zutaten für 4 Personen

- 500 g Rehfilet
- 80 g Walnüsse
- 20 g Semmelbrösel
- 10 Pimentkörner
- ca. 20 g Butter
- 2 EL Butterschmalz
- Salz, schwarzer Pfeffer

Rehschnitzel in der Mandelkruste

Das Butterschmalz in einer Pfanne stark erhitzen und die Rehschnitzel darin von beiden Seiten je 4 Minuten braten. Danach pfeffern und salzen, aus der Pfanne nehmen. Das Hagebuttenmus in das verbliebene Bratfett geben; Thymian hinzufügen und alles gut verrühren. Jeweils eine Seite der Schnitzel mit dieser Mischung bestreichen, mit den Mandelblättchen bestreuen und in den nicht zu heißen Grill schieben, bis die Mandelblättchen leicht gebräunt sind.

In der Zwischenzeit Bratensaft und Hagebuttenmus mit Rotwein loskochen, Wildfond und Orangensaft angießen und auf etwa die Hälfte einreduzieren lassen. Die fertigen Rehschnitzel auf einem Saucenspiegel anrichten.
Dazu passen vorzüglich grüner Spargel und Salzkartoffeln.

Zutaten für 4 Personen

- 4 Rehschnitzel
- Butterschmalz
- 50 g Mandelblättchen
- 100 ml Wildfond
- 100 ml Rotwein
- 2 EL Orangensaft
- 3 EL Hagebuttenmus
- Salz, weißer Pfeffer
- Thymian

Rehfilet mit Kiwi

Eine fruchtige Variation als Vorspeise oder Zwischenmahlzeit. Für eine Hauptmahlzeit die Menge des Fleisches verdoppeln.

Filet leicht salzen und pfeffern, in heißem Olivenöl von allen Seiten anbraten. Bei reduzierter Hitze noch ungefähr 10 Minuten nachgaren lassen.

Kiwis schälen, in dünne Scheiben schneiden und fächerförmig auf einer Platte anrichten.

Von der Orangenschale Zesten schneiden, Zitrone und Orange auspressen. Die Butter zerlassen, den Zucker darin karamellisieren, nach und nach Fruchtsaft und Gemüsebrühe zugießen und einreduzieren lassen. Mit Salz und Cayennepfeffer abschmecken.

Das Filet in Scheiben schneiden, zu den Kiwis anrichten, mit der Orangensauce beträufeln und mit den Orangenzesten garnieren.

Zutaten für 4 Personen

- 160 g Rehfilet
- 4 Kiwis
- 1 unbehandelte Orange
- 1 Zitrone
- 1 Tasse Gemüsebrühe
- 1 EL Butter
- 1 EL Zucker
- Olivenöl
- Salz, Cayennepfeffer

Rehfilet mit Rosinensauce und Feldsalat

Die Filets in heißem Öl von allen Seiten scharf anbraten. Salzen und pfeffern, bei reduzierter Hitze einige Minuten nachziehen lassen. In Alufolie gewickelt beiseite stellen.

Das Brombeergelee in den Bratfond geben, mit Rotwein und Rehfond aufkochen, Rosinen unterrühren, einige Minuten leicht köcheln lassen. Mit Pfeffer, Zucker – nach Geschmack auch Zimt – abschmecken.

Die Filets anrichten, mit der Rosinensauce überziehen. Dazu passen weiße Klöße und Feldsalat mit Erdbeeren - eine nicht nur in Norddeutschland beliebte Kombination.

Zutaten für 4 Personen

- 500 g Rehfilets
- 1 kleines Glas Brombeergelee
- 100 g Rosinen
- 200 ml kräftiger Rotwein
- 150 ml Rehfond
- 4 EL Öl
- Salz, Pfeffer
- Zucker
- Zimt

Gefüllte Rehtasche

Die Trockenpflaumen über Nacht in Rotwein einweichen. In das Fleisch eine Tasche schneiden (einen Rand von gut 2 cm stehen lassen). Die Tasche innen pfeffern. Die abgetropften Trockenpflaumen und die Maronen fein hacken, vermengen und in die Tasche füllen. Tasche mit Garn oder Zahnstochern gut verschließen. Das Fleisch in heißem Butterschmalz von allen Seiten kräftig anbraten, salzen und pfeffern. Abgedeckt bei reduzierter Hitze etwa 45 Minuten im Ofen fertig garen. Nach der Garzeit in Alufolie gewickelt einige Minuten ruhen lassen.
Dazu fruchtige Schwemm- oder Kartoffelknödel und Püree von Knollensellerie.

Zutaten für 4 Personen

- 500 g Rehfleisch aus der Keule
- 2 cl Rotwein
- 100 g Trockenpflaumen
- 100 g Maronen
- 4 EL Butterschmalz
- Salz, Pfeffer

Rouladen vom Reh

Die Jagdzeit auf Rehwild beginnt bereits am 1. Mai. Da ist es nahe liegend, das im Sommer gestreckte Wild als leichte Mahlzeit auf den Tisch zu bringen. Hier eine Variante, die nach Urlaub schmeckt. Rosinen, Pinienkerne und Salbei geben dem Maibock ein besonderes Aroma.

Rosinen mit Wasser bedecken und aufkochen lassen. Schinken würfeln und die Petersilie fein hacken. Rosinen abtropfen lassen. ¾ der Rosinen und der Pinienkerne mit dem Schinken, der Petersilie sowie den Kapern vermengen.

Die Rouladen mit Salz und Pfeffer würzen und mit der Füllung bestreichen. Rouladen aufrollen und mit Spießchen feststecken.

Öl in einer Pfanne erhitzen und die Rouladen darin von allen Seiten anbraten. Die fein gewürfelte Zwiebel hinzufügen. Tomatenmark mit der Gemüsebrühe, der Sahne, dem Lorbeerblatt und den Kräutern hinzufügen. Die Rouladen in diesem Sud bei milder Hitze 20 Minuten schmoren lassen. Die Paprika in Streifen schneiden, 10 Minuten mitgaren. Die restlichen Rosinen und die Pinienkerne unterrühren und die Sauce mit Pfeffer, Salz und Zucker abschmecken.

Zutaten für 4 Personen

- 4 Rouladen vom Reh
- 50 g Rosinen
- 100 g roher Schinken
- 1 Bund Petersilie
- 2 EL Pinienkerne
- 1 EL Kapern
- 1 Zwiebel
- 4 EL Olivenöl
- 2 EL Tomatenmark
- 150 g Sahne
- 2 Tassen Gemüsebrühe
- 1 kleines Lorbeerblatt
- Salbei, Oregano, Thymian
- 1 rote Paprika
- Salz, weißer Pfeffer
- Zucker

Wildklößchen vom Reh

Selbstverständlich kann für diese Wildklößchen auch Fleisch von anderen Wildarten verarbeitet werden.

Zwiebeln und Knoblauchzehe schälen und vierteln. Gewürze im Mörser grob zerstoßen. Mit dem Gulasch in eine Schüssel geben. Den Wein angießen und zugedeckt sechs Stunden marinieren.
In einem Sieb abgießen, die Marinade auffangen.
Den Siebinhalt pürieren, mit den Eiern, den Haselnüssen und dem Paniermehl vermischen und abschmecken. Die Masse zu Klößchen von etwa vier Zentimeter Durchmesser formen. In einer Pfanne 40 g Butter erhitzen, die Klößchen darin rundherum anbraten.
Die restliche Butter erhitzen, Mehl darüber stäuben, unter Rühren hellbraun anschwitzen und mit der Marinade und der Sahne ablöschen. Etwa 15 Minuten köcheln lassen. Die angedünsteten Pilze dazu geben und die Sauce abschmecken.
Die Klößchen in die Sauce geben, einige Minuten ziehen lassen und mit Bandnudeln anrichten.

Zutaten für 4 Personen

- 500 g Gulasch vom Reh
- 2 kleine Zwiebeln
- 1 Knoblauchzehe
- 6 Pimentkörner
- 8 schwarze Pfefferkörner
- 1 Lorbeerblatt
- 1 TL gehackter Rosmarin
- 1 TL gehackter Thymian
- 250 ml kräftiger Rotwein
- 2 Eier
- 25 g gehackte Haselnüsse
- 50 g Paniermehl
- Salz
- 100 g Butter
- 40 g Mehl
- 125 g Sahne
- 250 g Waldpilze

Mit Kunst ein Bewusstsein für den Wald schaffen

Aus dem Baumbestand des 65 ha großen „Herrenbusch" der Stadt Meerbusch (NRW) wählte der Grafik-Designer Axel Olejnik fünf Buchen aus. Mit Mineralkalk bis zu einer Höhe von 12 Metern auf die Stämme aufgebrachte Streifen, Ringen, Punkte, Rechtecke und Spiralen heben diese fünf Baumriesen aus der Masse des Baumbestandes im Buchenhochwald hervor.

Die fünf Bäume werden zu Individuen. Spaziergänger mit und ohne Hund, Radfahrer, Jogger und andere Erholungssuchende aus den umliegenden Großstädten, die sprichwörtlich „den Wald vor Bäumen nicht mehr sehen", werden auf die mehr als 100 Jahre alten Buchen als Sauerstoff- und Lebensspender aufmerksam.

Je nach Lichteinfall im Laufe des Tages, je nach Belaubung im Wechsel der Jahreszeiten ergeben sich stets neue und überraschende Licht- und Schattenreflexe. Bereits leichter Wind bewegt die Äste; Regen verändert die Farbe der glatten Baumrinde. Perspektive sowie Standort des Betrachters lässt die Ornamentik an den fünf Baumriesen jedes Mal anders erscheinen.

65

Consommé von der Wildtaube

Die Taube innen und außen waschen und trocken tupfen. Die Zwiebel schälen und das Lorbeerblatt mit der Nelke darauf stecken. Das Suppengrün waschen und putzen. Die Möhre in Juliennestreifen, die Frühlingszwiebel in feine Röllchen schneiden.

Die Taube von Wasser bedeckt mit den vorbereiteten Zutaten, dem Salz und den Pimentkörnern zum Kochen bringen und in etwa 1,5 Stunden bei ganz schwacher Hitze garen. Das Fleisch auslösen. Die Brühe durchseihen; das Fleisch in Stücke schneiden und wieder in die Consommé geben. Möhrenstreifen, Frühlingszwiebel-Röllchen und in Form geschnittenen Eierstich dazugeben und alles noch einige Minuten köcheln lassen.

Die Consommé in vorgewärmte Teller geben und mit gehackter Petersilie bestreuen.

Zutaten für 4 Personen

> 1 Wildtaube
> 1 Zwiebel
> 1 Lorbeerblatt
> 1 Gewürznelke
> 10 Pimentkörner
> 1 Bund Suppengrün
> 1 kleine Möhre
> 2 Frühlingszwiebeln
> Petersilie
> 1 TL Salz
> Eierstich

Gulaschsuppe vom Reh

Das Suppengrün putzen und mit den Zwiebeln in Würfel schneiden. Den gewürfelten Speck in einer heißen Pfanne auslassen. Das leicht mehlierte Gulasch darin kräftig anbraten. Suppengrün, Lorbeerblätter, Paprika, Pimentkörner und Zwiebeln zugeben. Rotwein, Rehfond und Brühe angießen. Leicht pfeffern und salzen. Zugedeckt etwa 45 Minuten schmoren lassen. Pimentkörner und Lorbeerblätter entnehmen. Sahne unterrühren und weitere 5 Minuten köcheln lassen. Abschmecken und mit Schnittlauchröllchen garniert servieren.

Zutaten für 4 Personen

- 500 g Gulasch vom Reh, klein gewürfelt
- 50 g durchwachsener Speck
- 2 Zwiebeln
- 1 Bund Suppengrün
- 0,5 Ltr. kräftiger Rotwein
- 1 Ltr. Fleischbrühe
- 100 ml Sahne
- 200 ml Rehfond
- Mehl
- 10 Pimentkörner
- 2 Lorbeerblätter
- 1 TL süßer Paprika
- Salz, schwarzer Pfeffer
- Schnittlauchröllchen zur Dekoration

Spargelcremesuppe mit Reh und Krabben

Das Fleisch waschen, trocken tupfen, in kleine Würfel schneiden und leicht mehlieren. Die Schalotten schälen und fein würfeln. Die Butter in einem Topf erhitzen und die Schalotten darin anschwitzen. Fleischwürfel hinzufügen und unter wenden anbraten, mit Fond, Gemüsebrühe und Wein ablöschen. 15 Minuten leicht köcheln lassen.

Den Spargel hinzufügen und weitere 10 Minuten mitkochen. Einige Fleischwürfel entnehmen. Die Suppe pürieren, Sahne und Petersilie unterrühren und das Ganze bei sehr schwacher Hitze noch einige Minuten köcheln lassen. Mit Salz, Pfeffer und Limettensaft abschmecken. Mit den Fleischwürfeln, heißen Krabben, Spargelspitzen und Schnittlauchröllchen dekorativ anrichten.

Zutaten für 4 Personen

- 200 g Gulasch vom Reh
- 100 g Krabben
- 3 Schalotten
- 250 g weißer Spargel
- 250 g grüner Spargel
- 2 EL Butter
- 2 EL Mehl
- 150 ml Rehfond
- 100 ml trockener Weißwein
- 500 ml Gemüsebrühe
- 200 ml Sahne
- Limettensaft
- Salz, Pfeffer
- Schnittlauch sowie weiße und grüne Spargelspitzen zur Dekoration

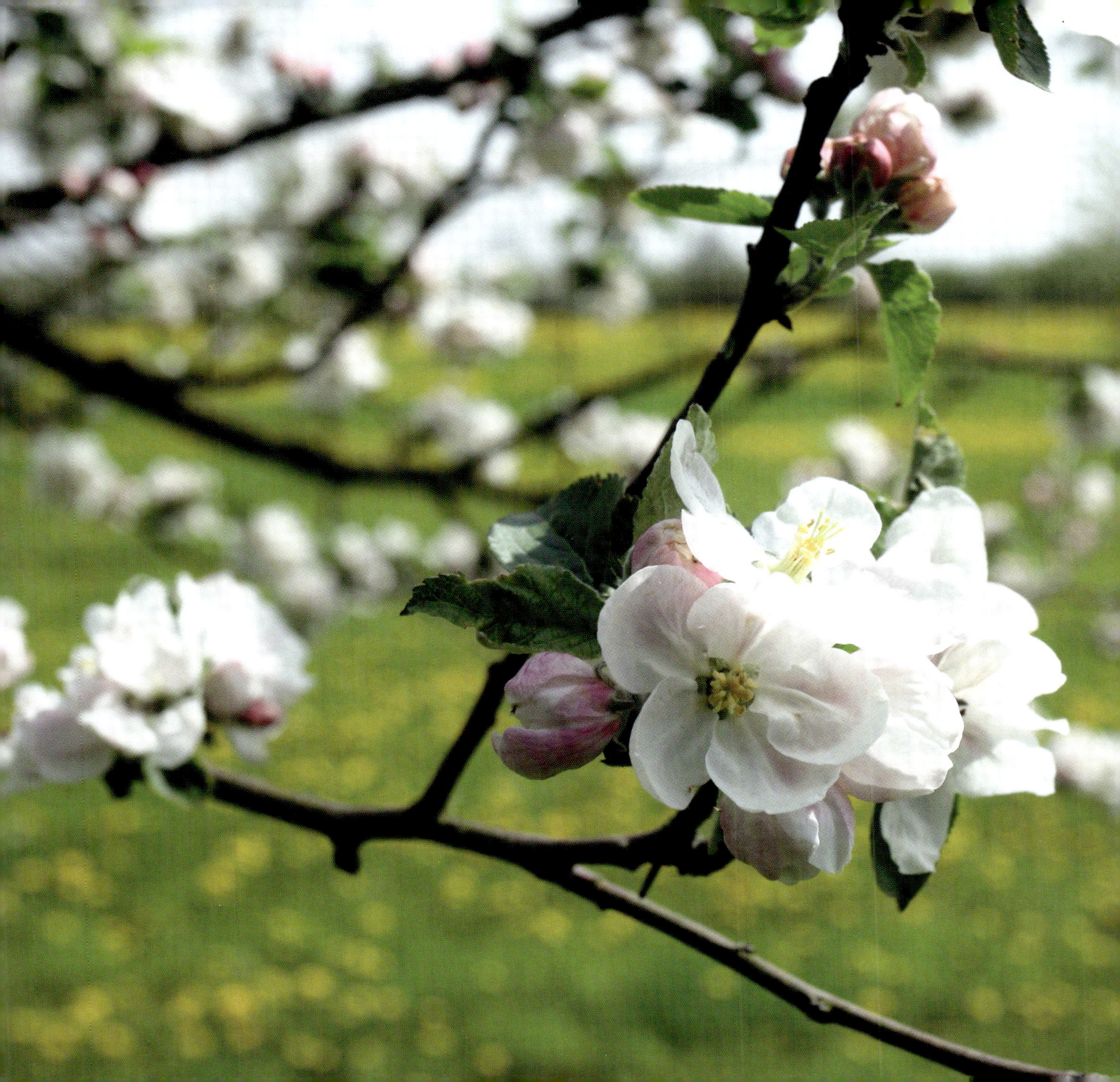

Wildtaubenbrust in Blätterteig mit Rotwein-Traubenjus

Eine Vorspeise – kann jedoch auch als Hauptgericht gereicht werden, da Blätterteig sehr sättigend ist.

Rechnen Sie mit einer Taubenbrust pro Person

Taubenbrüste aus den Karkassen lösen, von Haut und Sehnen befreien.

Schalotte klein schneiden. Mit dem hellen Fleisch durch den Fleischwolf drehen. Sahne, Salz, Pfeffer und Kräuter (nach Wunsch) dazugeben und pürieren.

Den Blätterteig auftauen. Aus den Teigplatten pro Portion zwei Quadrate (oder Kreise) ausschneiden. In die Mitte einer Platte einen Esslöffel Farce streichen, eine Taubenbrust darauf legen und diese wieder mit einem Esslöffel Farce bestreichen.
Mit einer zweiten Teigplatte abdecken, sodass beide Teigplatten bündig aufeinander liegen. An den Kanten die Teigplatten rundum mit Gabelzinken oder Fingerspitzen gut andrücken. Eigelb mit Sahne verquirlen, die Teigtaschen damit bestreichen und im Backofen bei 190 Grad (Umluft) etwa 30 Minuten backen.
Inzwischen die Weintrauben schälen, halbieren und entkernen, den dabei entstehenden Saft auffangen. Mit dem Rotwein aufkochen, etwas einreduzieren, zum Schluss die Trauben dazugeben.

Die goldgelben Teigtaschen auf vorgewärmte Teller geben und diagonal zu 3/4 einschneiden. Die beiden unteren Spitzen auseinander drücken, mit etwas Weintraubenjus übergießen. Die restliche Weintraubenjus separat als Sauce reichen.

Zutaten für 2 Personen

> 1 Taube
> ca. 100 g Blätterteig (aus dem Tiefkühlangebot)
> 4 EL Farce aus hellem Fleisch
  (geeignet ist Putenfleisch, Fleisch von der Karkasse der Taube o. ä.)
> Traubenjus
> 1 Schalotte
> 0,2 Ltr. Rotwein
> 10 Trauben, rot und grün
> Eigelb und Sahne zum Bestreichen
> Salz, Pfeffer
> Kräuter

71

Bunte Variationen auf Eichblattsalat mit Entenbrust und Gambas

Den Eichblattsalat waschen, putzen, trocknen. Die Gambas in Olivenöl etwa 4 Minuten je Seite braten. Anschließend pfeffern, salzen und reichlich mit dem Saft einer Limette beträufeln. Auf ausgeschalteter Platte ruhen lassen.

In der Zwischenzeit die Entenbrüste pfeffern, salzen und in heißem Olivenöl von beiden Seiten scharf anbraten. Entenbrüste an den Pfannenrand schieben und in der Mitte der Pfanne die blättrig geschnittenen Champignons im Bratfett 2 Minuten mitbraten. Die Entenbrüste quer bis auf einen Zentimeter tief einschneiden. In diese Einschnitte je ein Champignonblatt legen.

Den Eichblattsalat anrichten. Entenbrüste und Gambas dekorativ darauf legen. Restliche Champignonstücke um die Entenbrust geben. Mit dem jeweiligen Bratensaft beträufeln und mit Estragonblättchen, Dill und in Röllchen geschnittenen Frühlingszwiebeln bestreuen.

Zutaten für 4 Personen

- 1 Kopf Eichblattsalat
- 8 Gambas
- 4 Entenbrüste
- 150 g Champignons
- 2 Frühlingszwiebeln
- 1 Limette
- 2 Zweige Estragon
- Dill
- Salz, Pfeffer
- Olivenöl

Frikadellen vom Reh

Fleisch durch den Fleischwolf drehen, Weißbrot und je nach Menge Eier zugeben. Salzen, pfeffern und nach Geschmack mit Kräutern würzen. Aus dieser Masse Frikadellen formen und in einer Pfanne braten. Dazu schmeckt ein knackiger Salat mit Trauben und Mandarinen ebenso wie mariniertes Gemüse.

Auch die Wildbret-Reste anderer Wildarten – Schwarzwild, Rotwild, Hase, Kanin oder Taube – lassen sich in der kreativen Küche schnell und einfach zu rustikalen Frikadellen verarbeiten.

Und dazu ein kühles Bier oder ein trockener Weißwein.

Zutaten für 4 Personen

> Rehfleisch
> Weißbrot oder Brötchen (vom Vortag)
> Eier
> Salz, Pfeffer
> Kräuter

Pastetchen mit Rehragout

Das Fleisch waschen, trocken tupfen, in kleine Würfel schneiden und leicht mehlieren. Die Schalotten schälen und fein würfeln. Das Öl in einem Topf erhitzen und die Schalotten darin anschwitzen. Fleisch hinzufügen und unter wenden anbraten, mit Fond und Wein ablöschen. Sahne und Petersilie unterrühren und das Ragout im offenen Topf bei schwacher Hitze köcheln lassen. Die geputzten und in feine Scheiben geschnittenen Champignons in heißer Butter anbraten. Danach zum Ragout geben. Das Ganze mit Salz und Pfeffer abschmecken und in den heißen Pastetchen servieren.

Zutaten für 4 Personen

- 4 Pastetchen
- 150 g Rehfleisch
- 150 g Champignons
- 2 Schalotten
- 100 ml Rehfond
- 1/8 Ltr. Sahne
- 1 cl trockener Weißwein
- 2 EL Öl
- 1 EL Butter
- Mehl
- gehackte Petersilie
- Salz, Pfeffer

Reh mit Schokoladen-Erdbeeren

Gaumenkitzel der besonderen Art.
Fleisch in ca. 2 x 2 cm große Würfel schneiden. In Öl rundum braten. Mit Salz und Pfeffer würzen.

Schokoladenkonfitüre und Schokolade im Wasserbad schmelzen. Die Fleischwürfel in die Glasur tauchen und auf Backpapier erkalten lassen. Auf jeden Würfel eine Erdbeere stecken.
Mit Schokoladenerdbeeren und Basilikumblättern garnieren.

Zutaten

> 200 g Rehfleisch
> Salz, Pfeffer
> Öl
> Schokoladenkonfitüre
> 70% zartbittere Schokolade
> Erdbeeren
> Basilikum

Mousse von geräucherter Forelle

Die Forelle von Haut und Gräten befreien. Eine Hälfte mit der Gabel grob zerpflücken, die andere Hälfte im Mixer pürieren. Frischkäse, Crème fraiche und das Forellenpüree mit einem Schneebesen gut mischen.

Die Paprikaschote halbieren, vom Stängelansatz, den Kernen und den weißen Innenhäuten befreien, waschen, trocken tupfen und mit den geschälten Schalotten sehr fein würfeln. Schnittlauch klein schneiden. Einige Paprikawürfelchen mit einem EL Schnittlauchröllchen zum Garnieren beiseite legen.

Die restliche Schote, den übrigen Schnittlauch und die Schalotten unter die Forellenmousse rühren. Mit Salz, Pfeffer, Paprikapulver und dem Zitronensaft kräftig abschmecken. Das Forellenfleisch unterheben. Die Forellenmousse in Portionsförmchen füllen und im Kühlschrank etwa vier Stunden gut durchkühlen lassen.

Die Forellenmousse aus den Portionsförmchen lösen, mit den Paprikawürfelchen und den Schnittlauchröllchen bestreut servieren.

Dazu schmeckt ausgezeichnet ofenfrisches Weißbrot und ein gut gekühlter Weißwein.

Zutaten für 4 Personen

> 1 geräucherte Forelle
> 200 g Doppelrahm-Frischkäse
> 2 EL Crème fraiche
> 1 kleine rote Paprikaschote
> 2 Schalotten
> 1 Bund Schnittlauch
> je 1 Messerspitze Salz und gemahlener weißer Pfeffer
> 1 Prise edelsüßes Paprikapulver
> Saft von einer halben Zitrone

Muschel-Salat

Abgetropfte Muscheln mit Wein übergießen. Geschälte Zwiebel in Ringe schneiden. Den Apfel entkernen, ungeschält in Würfel schneiden. Zwiebelringe, Apfelwürfel und Muscheln mischen. Zitronensaft mit Zucker, Salz, weißem Pfeffer, Dill und Öl verrühren und über den Salat gießen. Den Muschelsalat auf Salatblättern anrichten, mit Dill und Zitronenscheiben garnieren.

Zutaten

- 500 g Muscheln naturell aus der Dose
- 250 ml herber Weißwein
- 1 Zwiebel
- 1 säuerlicher Apfel
- 4 EL Zitronensaft
- 1 TL Zucker
- 2 EL Öl
- 1 EL gehackter Dill
- Salz, weißer Pfeffer
- Salatblätter

„...ein Schuss Rotwein"

... und welche Jagdhunderasse ist das?

Es liegt zwar schon Jahrzehnte zurück, doch noch heute lachen mein Freund Sepp und ich über unsere Jägerprüfung im Fachgebiet „Jagdhunde". Zu mehreren wurden wir vor das Prüfungskomitee gerufen. Neben mir saß Sepp. Er hatte bisher alle Fragen – wie aus der Pistole geschossen – richtig beantwortet.

Nun war die Reihe an mir. „Welche Jagdhunderassen werden für die Baujagd eingesetzt?" Ohne Zögern kam meine Antwort „Die Teckel! Kurzhaar, Rauhaar und Langhaar!"

„Und – welche andere Rasse kommt auch für eine Baujagd in Frage?" bohrte der Prüfer weiter. In meinem Kopf war es leer. Der Name einer weiteren Hunderasse fiel mir nicht ein.

„Ein Hund für die Arbeit unter der E-R-D-E." Der Prüfer wollte mir auf die Sprünge helfen.

Das Karussell in meinem Kopf drehte sich. Totaler Blackout. Der Name einer weiteren Hunderasse wollte mir einfach nicht einfallen.

Da überfiel ein Hustenanfall meinen Nachbarn Sepp. Er nestelte nach seinem Schnupftuch in der linken Hosentasche. Beugte sich dabei seitlich nach rechts zu mir. Hörbar schnäuzte er sich prustend die Nase, schniefte und hüstelte vernehmlich. Zwischen den „unanständigen" Geräuschen in allen Stimm- und Tonlagen knurrte er undeutlich und nur für mich vernehmbar das Wort „T-e-r-r-i-e-r" in sein Taschentuch...

Heute sitzen Sepp und ich wieder mal beisammen. Während ich eine neue Flasche Wein entkorke, blättert Sepp in meiner Jagdzeitschrift. Bei der Abbildung eines Kurzhaar stutzt er. „Du, Willi, was ist denn das für eine Rasse? Ein Deutsch Kurzhaar?" Diesmal kommt wie aus der Pistole geschossen meine Antwort: „Das ist der mausgraue Weimaraner."

Die Erinnerung an unsere gemeinsame Jägerprüfung wird wieder wach, als er mir damals aus der Patsche half. Lachend heben wir die Gläser und prosten uns mit einem guten Tropfen zu.

Feine Fischfreuden im Fondue

Es gibt Fleisch-, Gemüse-, Käse-, Schokolade und...
Hier mal ein Fischfondue.

Fische mit festem Fleisch eignen sich am besten.
Zum Beispiel:
Heilbutt, Seeteufel, Wels, Dorsch, Lachs, Rotbarsch, Hecht, Saibling, Thunfisch.
Die Gräten entfernen, Fische in große Würfel schneiden. Auch Garnelen sollten nicht fehlen. Man rechnet mit 200 g Fisch pro Person.

Dazu diverse Gemüse und Pilze:
Möhren, Zucchini, Lauch, Paprika, Zwiebel, Kohlrabi, Sellerie, Blumenkohl, Rosenkohl, Broccoli, Champignons, Austern- und Steinpilze.

Zum Dippen

Knoblauch-, Curry-, Schaschlik-, Zigeuner-, Aioli-, Cocktailsauce – oder eine Ihrer Lieblingssaucen.

In einem Fonduetopf 0,25 Ltr. Fischfond, 0,25 Ltr. trockenen Weißwein und 1 Ltr. Gemüsebrühe zum Kochen bringen. Nach Geschmack Kräuter und Sojasauce beifügen. Auf Tellern oder Platten die in Scheiben oder Würfel geschnittenen Gemüse und die Fischwürfel dekorativ anrichten.

Auf Spießchen oder in Körbchen nimmt der Gast Gemüse bzw. Fisch. Dann einfach in den Topf tauchen und im heißen Sud garen lassen. So bleibt das Gemüse knackig frisch und der feine Fisch köstlich saftig.

Gebratener Tintenfisch mit Kräuterbutter

Tintenfische auftauen lassen. Unter fließendem Wasser gründlich abspülen und trocken tupfen. In heißem Öl von beiden Seiten braun braten. Mit Salz und Pfeffer bestreuen. Mit Toastbrot mit Kräuterbutter servieren.

Zutaten für 4 Personen

- 500 g Tintenfische (Tiefkühlprodukt)
- 4 EL Öl
- Salz, schwarzer Pfeffer
- 4 Toastscheiben
- 150 g Kräuterbutter (Fertigprodukt)

Gefüllte Scholle mit Blattspinat

Speckwürfel in einer heißen Pfanne kross ausbraten. In der gleichen Pfanne die Butter aufschäumen, mit dem Balsamicoessig ablöschen, abschmecken und mit den Speckwürfelchen über den fertigen Schollen verteilen.

Den Spinat blanchieren. Die Tomaten entkernen und würfeln. Limette schälen und würfeln. Die Hälfte des Spinats, die Tomaten- und Limettenwürfel miteinander vermengen und mit Salz, Pfeffer und Muskat abschmecken.

Die Schollen von beiden Seiten würzen. Eine Tasche in die fleischige Seite schneiden, die Spinatmischung einfüllen. Die Fische auf ein mit Semmelbröseln bestreutes Blech legen und für etwa 12 Minuten bei 180 bis 200 Grad in den Ofen schieben.

In der Zwischenzeit den restlichen Spinat mit etwas Knoblauch in Olivenöl anbraten, abschmecken und warm stellen.

Zutaten für 4 Personen

> 4 Schollen, ca. 500 g bis 600 g pro Person
> 100 g Speckwürfel
> 1 kg roher Blattspinat
> 1 Limette
> 1 Knoblauchzehe
> 2 Tomaten
> 50 g Butter
> Semmelbrösel
> Salz, Pfeffer, Muskat
> 50 ml Balsamicoessig
> Olivenöl

Hecht an Kapern-Senfsauce

Die Hechtfilets abspülen, trocken tupfen, mit Zitronensaft beträufeln, leicht pfeffern und salzen. In einem breiten Topf das Wasser mit dem Wein, Essig, Salz, fein gehackten Zwiebeln, den Gewürzkörnern und dem Lorbeerblatt einige Minuten aufkochen. Die Hechtfilets in den Sud geben und im offenen Topf bei schwacher Hitze etwa 12 Minuten gar ziehen lassen. Die Fischfilets aus dem Sud nehmen und warm stellen.

Den Sud durch ein Sieb gießen. Butter in einem heißen Topf zerlassen, das Mehl darunter rühren und nach und nach mit dem Fischsud auffüllen. Senf und Kapern unterheben, mit Salz und Zucker abschmecken. Eigelb mit der Sahne verquirlen und die Sauce damit legieren.

Fischfilets mit der Kapern-Senfsauce anrichten. Dazu gibt's Salzkartoffeln.

Zutaten für 4 Personen

- 4 Hechtfilets à 200 g
- Saft von 1 Zitrone
- Je 250 ml Wasser und Weißwein
- 1 EL Essig
- 1 TL Salz
- 1 Zwiebel
- je 4 Pfeffer- und Pimentkörner
- 1 Lorbeerblatt
- 2 EL Butter
- 1 EL Mehl
- 1 EL Kapern
- 1 EL scharfer Senf
- je 1 Prise Salz und Zucker
- 1 Eigelb
- 2 EL Sahne
- 1 Zitrone

Makrele auf Tomaten

Die küchenfertigen Makrelen waschen und die Haut einige Male schräg einschneiden. Fische innen leicht pfeffern und salzen. Einige Blätter Estragon und Petersilie in die Bauchhöhle hineinlegen und diese mit einem Rosmarinzweig „zunähen". In die eingeschnittene Haut ebenfalls Kräuter eindrücken. Beide Seiten mit Zitronensaft beträufeln und mit Pfeffer bestreuen.

Ein großes Stück Alu-Folie mit Öl bestreichen und auf den Grillrost legen. Die Fische mit Olivenöl bepinseln und von jeder Seite 10 Minuten grillen. Bei Bedarf nochmals mit Öl beträufeln.

Die Tomaten kreuzweise einschneiden, mit kochendheißem Wasser überbrühen, häuten und vierteln. Die Knoblauchzehen schälen und fein hacken. Das Olivenöl in einer sehr großen Pfanne erhitzen. Den Knoblauch darin glasig braten, Tomaten, Pfeffer und Salz hinzufügen. Tomaten einmal aufkochen lassen.

Das Grünkernmehl mit dem Wein anrühren und gleichmäßig über die Tomaten gießen, zugedeckt bei schwacher Hitze 10 bis 15 Minuten garen. Einige Male durchrühren. Mit Basilikum pikant abschmecken.

Die gegrillten Makrelen auf dem Tomatengemüse anrichten. Dazu schmecken Petersilien- oder Dillkartoffeln.

Zutaten für 4 Personen

- 4 ganze Makrelen
- 2 EL Zitronensaft
- schwarzer Pfeffer
- 1 Bund Estragon
- 1 Bund Petersilie
- 2 EL gehacktes Basilikum
- Rosmarin
- 1 kg Tomaten
- 3 Knoblauchzehen
- 1 EL Olivenöl
- Meersalz
- 1 EL Grünkernmehl
- 125 ml trockener Weißwein

Matjes auf Rösti

Die Matjes und die Zwiebel in feine Würfel schneiden und in einer Schüssel gut vermengen.
Den Apfel schälen, fein reiben und in den Sahne-Meerrettich einrühren.
Die Radieschen in kleine Stifte schneiden.

Die Kartoffeln grob reiben und in einem Geschirrtuch auswringen. In einer Pfanne etwas Pflanzenöl mit einem Stich Butter erhitzen, etwa 2 EL der geriebenen Kartoffeln dazu geben, mit einem Pfannenheber flach drücken, salzen und leicht pfeffern und von beiden Seiten braten, bis sie goldbraun geworden sind.

Zutaten für 4 Personen

- 4 Matjes
- 1 Zwiebel
- 1 Apfel
- Sahne-Meerrettich aus dem Glas
- 1 Bund Radieschen
- 1 Bund Schnittlauch
- Pflanzenöl
- Butter
- 4 bis 6 fest kochende, mittelgroße Kartoffeln
- Salz, Pfeffer
- Schnittlauch

Sepia mit schwarzen Nudeln und Kirschtomaten

Südliche Gaumenfreuden sind garantiert...

Sepia in Ringe schneiden. Knoblauchzehen und Zwiebeln hacken. Sepia, Knoblauch, Zwiebeln und Rosmarin in Olivenöl bei milder Hitze in geschlossener Pfanne 20 Minuten garen.
Die Kirschtomaten halbieren oder vierteln, zufügen und mit Salz und Pfeffer würzen. Einmal aufkochen. Auf den Sepiaspaghetti anrichten.

Zutaten für 4 Personen

- 200 g schwarze Nudeln (Sepiaspaghetti)
- 400 g geputzte Sepia
- 2 Knoblauchzehen
- 2 Zwiebeln
- 4 EL Olivenöl
- 200 g Kirschtomaten
- Salz, Pfeffer
- Rosmarin

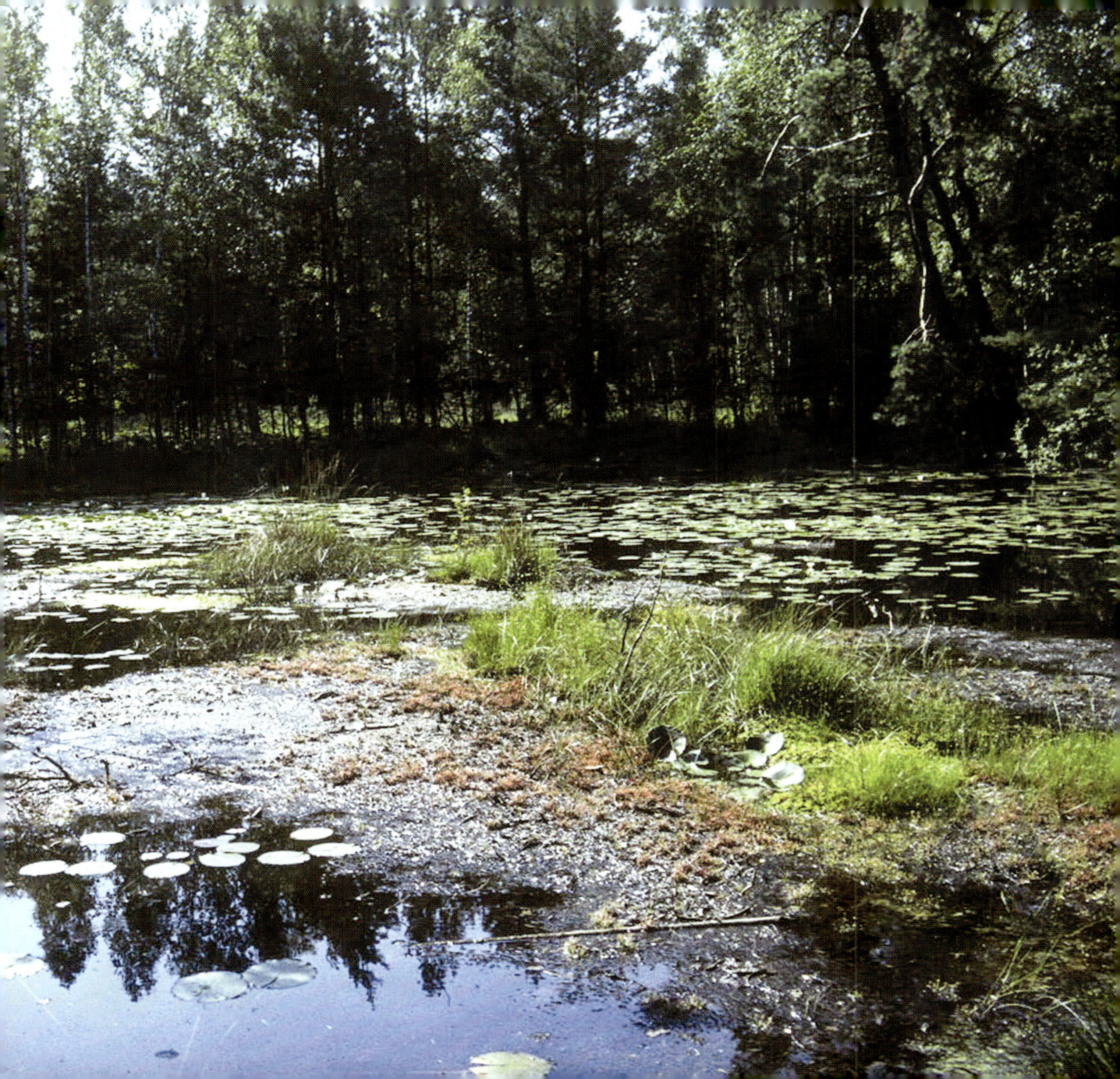

Gelee aus Holunderblüten

Nicht nur für das Sonntags-Frühstück . . .

. . . auch zum Aromatisieren von aparten Wildsaucen.

Zur Herstellung von Gelees wird der Saft von Früchten verwendet. Holunderblüten sind jedoch „trocken". Um Flüssigkeit für einen Gelee zu erhalten, muss zuerst der „Saft" gewonnen werden.

Die Dolden von Holunderblüten pflücken, Ästchen und Stiele soweit möglich entfernen. Die Blüten in einem Topf mit Wasser zugedeckt ca. zwei Tage kühl und dunkel lagern. In dieser Zeit die Holunderblüten häufig unter die Wasseroberfläche drücken.

Nach 48 Stunden den Inhalt des Topfes durch ein feines Sieb abschütten. Das Wasser auffangen, die Holunderblütenmasse ausdrücken und auf dem Kompost entsorgen.

Apfelsaft (wegen des Pectins) in das Holunderwasser gießen, den Gelierzucker hinzugeben. Nach Geschmack Zitronenmelisse, Vanilleschote, Limettensaft und Zitronensäure beifügen. Unter ständigem Rühren aufkochen und ein paar Minuten sprudelnd kochen lassen. Wenn die Flüssigkeit eindickt, eine „Gelierprobe" machen. Zitronenmelisse und Vanilleschote entfernen, den heißen Gelee in Twist-off-Gläser abfüllen und sofort fest verschließen.

Zutaten

> Holunderblüten
> Gelierzucker
> Wasser
> Apfelsaft

Quittengelee

Die Quitten waschen, je nach Größe vierteln oder achteln. Kerngehäuse kann entfernt werden – muss aber nicht. Die Quitten nicht schälen.

Die Quittenstücke in einem Topf mit 3 EL Wasser weich kochen. Dann mittels der „flotten Lotte" quetschen - oder durch ein Sieb passieren, den Saft auffangen, die festen Bestandteile im Kompost entsorgen.

Falls der Fruchtsaft zu sämig ist, mit Apfelsaft verlängern. Gelierzucker zufügen und je nach gewünschter Geschmacksrichtung aromatisieren. Lassen Sie Ihrer Fantasie freien Lauf: Ingwer, Zimt (später eine Zimtstange zum Gelee in das Geleeglas stecken), Vanille, Nelke, Zitronenschale oder eine Apfelsinenscheibe bieten sich an.

Unter ständigem Rühren aufkochen, etwa 4 Minuten sprudelnd kochen lassen. in Twist-off-Gläser abfüllen und sofort fest verschließen.

Probieren Sie auch mal andere Gelees aus Früchten. In der Natur finden Sie ein reichhaltiges Angebot: Brombeeren, Himbeeren, Trauben, Holunderbeeren, Walderdbeeren, Johannisbeeren . . .

Zutaten

> Quitten
> Gelierzucker
> Apfelsaft

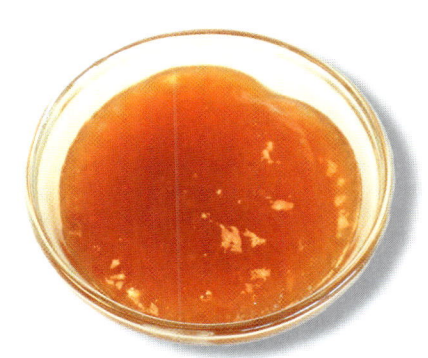

Grießflammerie auf roter Grütze

Die Milch mit dem Zucker zum Kochen bringen, den Grieß einstreuen, eine Prise Salz, abgeriebene Zitronenschale und die Butter zugeben, ausquellen lassen. Das Eigelb unterrühren. Wenn die Masse etwas abgekühlt ist, den Eischnee unterheben. In kalt ausgespülte Förmchen füllen und kühl stellen.

Die Früchte mit dem Zucker zum Kochen bringen. Speisestärke mit etwas Wasser und dem Zitronensaft glatt rühren und zu den Früchten geben. Einige Minuten kochen. Dann kalt werden lassen.

Die Grießflammerie auf den Früchten servieren.

Zutaten für 4 Personen

für den Grießflammerie

- 1/2 Ltr. Milch
- 40 g Zucker
- 40 g Grieß
- 1 Prise Salz
- 20 g Butter
- 2 Eier
- etwas abgeriebene Zitronenschale

für die Grütze

- 500 g Früchte nach Wahl (Kirschen, Himbeeren, Brombeeren, Erdbeeren usw.)
- Zucker
- Speisestärke
- Saft einer halben Zitrone

Gratin von frischen Früchten

Für eigene Creationen und für besondere Vorlieben bietet dieses Dessert einen breiten Spielraum.
Es können alle Früchte verarbeitet werden, die der Markt hergibt.

Crème fraiche und Puderzucker miteinander verrühren. Die Eigelbe dazugeben und anschließend die geschlagene Sahne unterheben. Die Früchte gründlich waschen (besonders, wenn sie auf der Pirsch gesammelt sind), putzen und eventuell durchschneiden. Dekorativ auf Tellern anrichten.
Von der Crème-fraiche-Masse pro Teller 2 EL auf die Früchte geben. Bei Oberhitze goldbraun backen. Sofort servieren. Vorsicht - die Teller sind heiß!
Vielleicht mögen Sie oder Ihre Gäste hierzu eine Kugel Pistazieneis?

Zutaten

> aktuelle Früchte – was der Markt hergibt – oder auf der Pirsch gesammelt
> 100 g Crème fraiche
> 50 g Puderzucker
> 2 Eigelb
> 100 g geschlagene Sahne

Pfannkuchen auf marinierten Orangen

Von den Orangenschalen Zesten schneiden, beiseite stellen. Die Orangen in dünne Scheiben schneiden, auf eine Platte legen. Orangenlikör, Orangensaft und Honig gut miteinander verrühren und über die Orangenscheiben gießen. Im Kühlschrank etwa 30 Minuten marinieren.

Sahne mit Vanillezucker steif schlagen und vorsichtig unter den Ricotta ziehen.

Aus den aufgeführten Zutaten einen Pfannkuchenteig herstellen und 4 Pfannkuchen ausbacken. In portionsgerechte Stücke schneiden. Jedes Stück mit je einem Esslöffel der Sahne-Ricotta-Mischung bestreichen. Die marinierten Orangenscheiben auf Portionstellern auslegen, die Pfannkuchen aufeinander schichten, die restliche Sahne-Ricotta-Mischung darüber geben. Mit den Orangenzesten garnieren.

Zutaten für 4 Personen

- 4 kleine unbehandelte Orangen
- 2 cl Orangenlikör
- 2 cl Orangensaft
- 1 EL Honig
- 100 g Ricotta
- 100 ml Sahne
- 1 Päckchen Vanillezucker

für den Pfannkuchenteig

- 180 g Mehl
- 3 Eier
- 250 ml Milch
- 1 Tasse Mineralwasser
- 1 Prise Salz
- 2 gestrichene EL Zucker

Rahmäpfel

Äpfel schälen und quer halbieren. Kerngehäuse entfernen. Apfelhälften mit der Schnittfläche nach oben in eine Auflaufform setzen und mit der Hälfte des Zuckers bestreuen. Crème fraiche mit der Sahne verrühren und über die Äpfel gießen. Im Ofen bei ca. 200 Grad eine gute halbe Stunde backen. Nach der Hälfte der Garzeit den restlichen Zucker über die Äpfel streuen.

Das Dessert ist fertig, wenn der Zucker goldbraun karamelisiert ist.
Schmeckt heiß am besten.

Zutaten für 4 Personen

> 4 feste Äpfel
> 80 g Zucker
> 100 g Crème fraiche
> 100 g Sahne

Wildern anno dunnemals

In manchen Dörfern gab es im 19. Jahrhundert, in der Zeit nach dem 1. Weltkrieg sowie nach dem 2. Weltkrieg bis 1952 mindestens einen „Lumpen", der das Handwerk des Wilderns beherrschte. Sei es, um den eigenen Hunger und den de vielköpfigen Familie zu stillen oder um durch den Verkauf des gewilderten Wildbrets Geld zu verdienen.

Ein Ofenrohr für einen Fasan

In der Dämmerung schleicht der Wilderer los. Unter dem Arm ein Ofenrohr, in der Hosentasche ein paar Getreidekörner Das Ofenrohr legt er in die Furche eines frisch gepflügten Ackers und tarnt es. Ein Ende des Ofenrohres verstopft de Wilddieb. Danach holt er die Getreidekörner aus der Hosentasche und streut eine Spur in das offene Ende des Ofenrohres hinein. Pickt nun der Fasan die Getreidekörner und folgt der Körnerspur ins Ofenrohr, so gibt es für ihn kein Zurück mehr Er wird ein Opfer seiner Gier und der Heimtücke des Wilderers. Im engen Rohr zu wenden ist dem Fasan nicht möglich. Im Rückwärtsgang hinaus gelangt er auch nicht: sein Gefieder sperrt sich. Der Fasan steckt fest.

Am nächsten Morgen sammelt der Wilderer seine Ofenrohre ein. Mit den Rohren unter dem Arm, mit oder ohne Beute, eil er nach Hause.

„Darf´s ne Tüte mehr sein ?"

Eine andere Methode des Wilderers besteht darin, die Spitze einer dreieckigen Papier-Einkaufstüte innen mit klebrigen Kraut (Sirup) zu bestreichen. Die Tüte wird geöffnet auf den Ackerboden gelegt. Eine Spur ausgestreuter Getreidekörne weist dem Fasan den Weg in die Tüte hinein. Pickt nun der Fasan die Getreidekörner auf und folgt der Körnerspur, so steck er bald mit Kopf und Hals in der Spitze der Tüte. Die Federn an seinem Hals kleben am Kraut fest. An Fortfliegen ist nicht zu denken. Mit der umgestülpten Tüte über dem Kopf flattert und stolpert der Fasan über den Acker. Rasch läuft der Wildere herbei, sammelt seine „Tüten" mit der Beute ein und stopft alles in den Sack.

IMPRESSUM:

1. Auflage 2008
ISBN 978-3-7888-1202-7

© 2008 Verlag J.Neumann-Neudamm AG, Melsungen

Verlag J.Neumann-Neudamm AG
Schwalbenweg 1, 34212 Melsungen
Tel. 05661.9262-26, Fax 05661.9262-19
info@neumann-neudamm.de, www.neumann-neudamm.de

Printed in Germany
Satz & Layout: J.Neumann-Neudamm AG
Druck und Verarbeitung: Druckerei Himmer AG, Augsburg
Bildnachweis: Alle Aufnahmen der Gerichte & S. 52, 69 von Thomas Lammertz, Willich; Food-Design Gerlind Vermeer, Willich;
    S. 64-65 Grafik-Designer Axel Olejnik; S. 2-4, 71, 76, 92 Ulrich Vomberg, Meerbusch; S. 3, 36, & Ns. Blåfield; S. 6, 87 K.-H. Volkmar; S. 26, 38,44, 69 H. Schwartz.

Das Werk, einschließlich aller seiner Teile ist urheberrechtlich geschützt. Jede Verwertung außerhalb der engen Grenzen des Urheberrechtsgesetzes ist ohne Zustimmung des Verlages unzulässig und strafbar. Das gilt insbesondere für Vervielfältigungen, Übersetzungen, Mikroverfilmungen, Vertonung und die Einspeicherung und/oder Verarbeitung in elektronischen Systemen.

Markus Plein
Amuse Gueule
Jetzt halten kleine kulinarische Kunstwerke Einzug in die heimische Küche. Amuse Gueules, die kleinen leckeren Häppchen, die ursprünglich in Restaurants der gehobenen Klasse, vor dem eigentlichen Menü gereicht wurden, begeistern nicht nur durch das Geschmackserlebnis, sondern durch ihre kunstvolle Dekoration.
ISBN 978-3-86738-020-1

Rainer Holzhauer
Zugegriffen, liebe Freunde
Rainer Holzhauer zeigt mit seinen Freunden auf eine wunderschöne Weise, wie und wo man in Kurhessen kocht, isst und feiert.
ISBN 978-3-7888-1156-3

Wild und heiß, raffiniert und deftig...
Die Kochbücher von
NEUMANN-NEUDAMM
und **FEL!X**

Wildkochbuch
Baden-Württemberg
Format 21x20 cm. 128 Seiten, gebunden.
ISBN 978-3-7888-1135-8

Bayerisches Wildkochbuch
Format 21x20 cm. 112 Seiten, gebunden.
ISBN 978-3-7888-1134-1

Hessisches Wildkochbuch
128 Seiten. Gebunden, Format 21,5 x 20,5 cm durchgängig farbige Abb.
ISBN 3-7888-0998-1

Hessisches Wildkochbuch 2
128 Seiten. Gebunden, Format 21,5 x 20,5 cm durchgängig farbige Abb. Lieferbar ab Herbst 2008.
ISBN 978-3-7888-1180-8

NRW-Wildkochbuch
Zahlr. farb. Abb., 160 Seiten, Format 21 x 20 cm. Gebunden.
ISBN 10-3-7888-1088-2

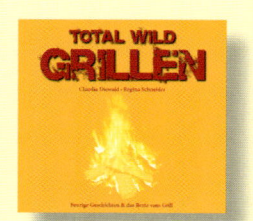

Diewald/Schneider
Total wild Grillen
Gebunden, 128 Seiten, durchgehend farbig. Format 21x20 cm.
ISBN 3-7888-1017-3

Diewald / Schneider
Total Wild
128 Seiten, Format: 21,5 x 20,5 cm, durchgängig farbige Abbildungen, gebunden.
ISBN 3-7888-0910-8

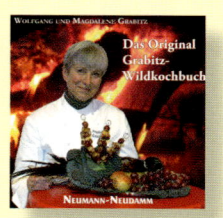

Das Original-Grabitz-Wildkochbuch
160 Seiten, zahlreiche Farbabbildungen, Format 21 x 20 cm, fest gebunden.
ISBN 978-3-7888-1155-6

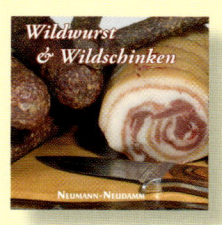

Wildwurst & Wildschinken
96 Seiten, zahlreiche Farbabbildungen, Format 21 x 20 cm, fest gebunden.
ISBN 978-3-7888-1157-0

NEUMANN-NEUDAMM